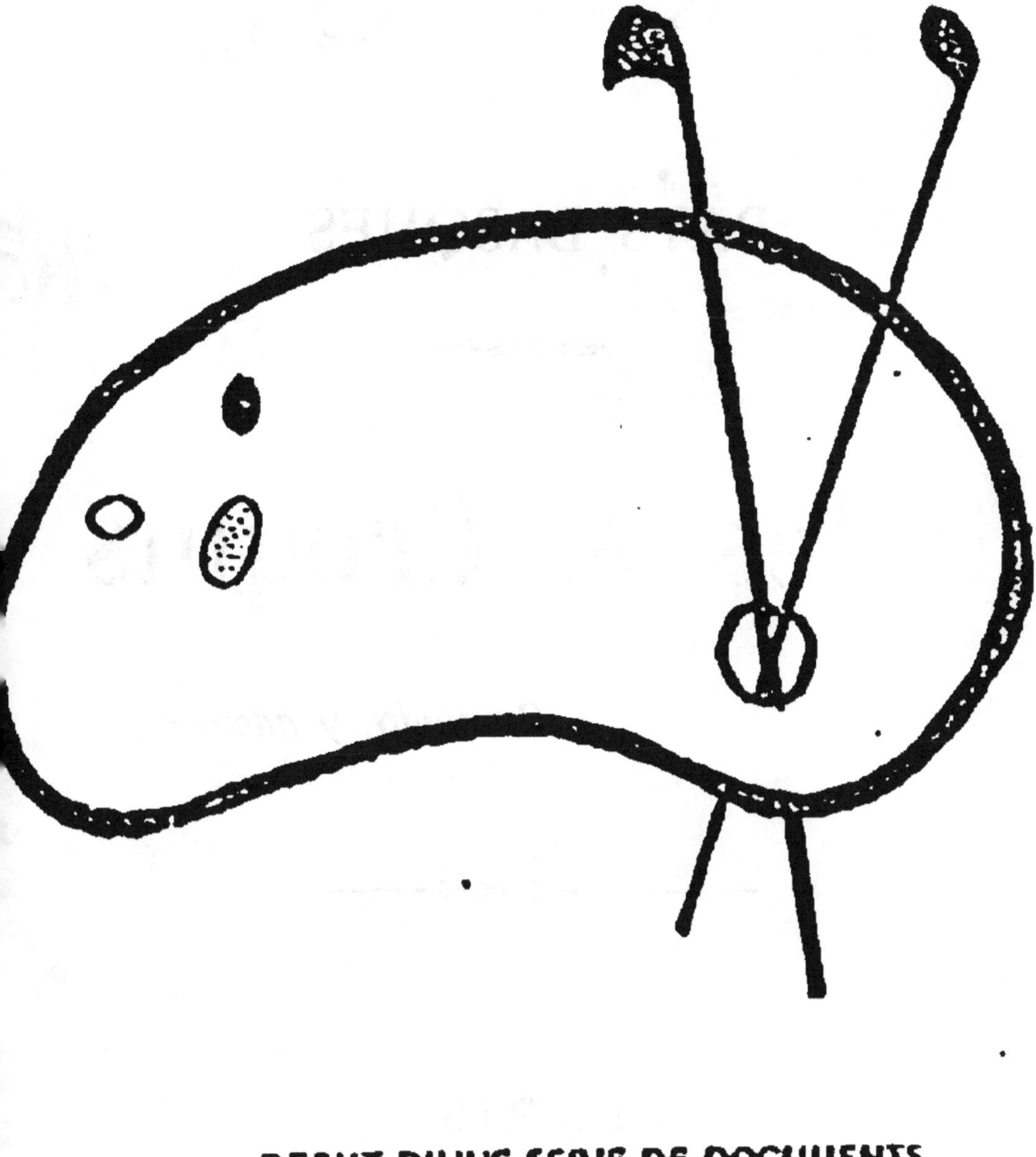

DEBUT D'UNE SERIE DE DOCUMENTS
EN COULEUR

ANDRÉ PETITCOLIN

GALICE
&
PAYS BASQUES

Notes & Croquis

Santiago, y adentro!

PARIS

JOURNAL DE LA MARINE, *LE YACHT*

ÉDITEUR

55 — Rue de Châteaudun — 55

1896

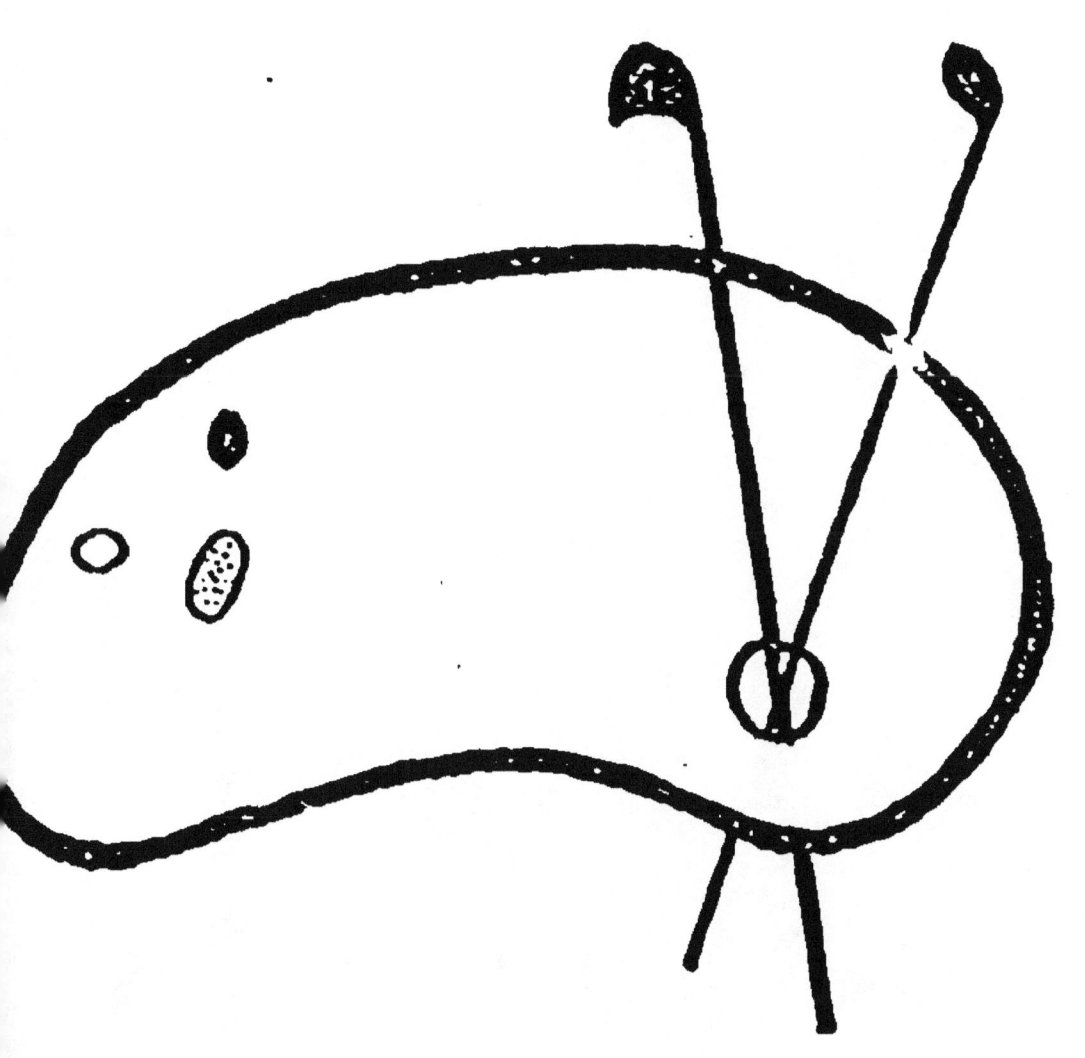

FIN D'UNE SERIE DE DOCUMENTS
EN COULEUR

NOTES ET CROQUIS

Il a été tiré de cet ouvrage 25 exemplaires sur papier de Hollande, numérotés de 1 à 25.

Oe
1353

Du même Auteur :

ESQUISSES RAPIDES

....

BELGIQUE & HOLLANDE

In-18 jésus de 264 pages.

ANDRÉ PETITCOLIN

GALICE
&
PAYS BASQUES

Notes & Croquis

Santiago, y adentro!

PARIS
JOURNAL DE LA MARINE, LE YACHT
ÉDITEUR
55 — Rue de Châteaudun — 55

1896

A mon ami T. R...

L'Espagne ! ce nom évoque un pays de lumière, de couleur et de mouvement, d'oppositions soudaines et violentes, de montagnes dénudées et de plaines ardentes.

On se figure un peuple intelligent, frivole, exalté et insouciant, brave jusqu'à être téméraire, généreux jusqu'à être prodigue.

On se représente des mendiants drapés dans des haillons, dignes comme des grands seigneurs ; des gentilshommes pauvres comme des gueux, mais loyaux et fiers, conservant l'honneur de leur longue lignée, la noblesse de leurs blasons délorés.

On songe à des villes inondées de soleil, à des maisons blanches, où, derrière les jalousies des balcons, des femmes tentantes comme un fruit savoureux se laissent bercer dans une perpétuelle éclosion d'amour aux accents des sérénades.

Celle-là, c'est l'Espagne romantique, vue à vol d'oiseau ou à travers le mirage de l'éloignement.

Certes cette conception imaginative, superficielle, renferme l'exactitude de quelques traits marquants; mais elle ne tient pas compte de quels éléments complexes, de quelles races multiples est formée la nation espagnole; et l'on ne pense pas que la Galice peut ressembler aussi peu à l'Andalousie que la Bretagne à la Provence.

Il est parlé ici de cette province de Galice à la terre planturcuse et féconde, à la beauté large et forte, aux mœurs hospitalières, simples et douces, aux habitudes laborieuses, aux traditions inébranlables comme son sol de granit.

Il est tracé un tableau de la Biscaye industrielle et productive du minerai.

Il est enfin dit quelques mots des Basques actifs, persévérants, énergiques, travailleurs, dont l'antique origine reste un problème, la vitalité du type sans mélange à travers les âges un étonnement et un exemple.

Ces Notes et Croquis, *mon cher compagnon de route, je les dédie à notre amitié.*

Vous retrouverez le souvenir des semaines trop brèves pendant lesquelles nous avons vécu et senti ensemble dans une communion si étroite de pensée.

Vous vous rappellerez l'intimité de notre clair petit salon du Béniguet où nous avons échangé tant d'impressions, remué tant d'idées dans nos longues causeries du soir.

Si je savais qu'un monument, une langue,

un paysage peuvent aider à pénétrer l'esprit d'un peuple, à saisir ses tendances, vous m'avez appris ce qu'une mantille, une loque, un regard, un sourire, le murmure d'un ruisseau, renferment de charmes, éveillent de fantaisie, et il y a un peu de vous dans ce livre.

André PETITCOLIN.

Février 1896.

I

DE BORDEAUX A VIGO

Le " Béniguet ". — La Gironde. — Au large. — Le phare de la Estaca. — L'atterrage. — La Corogne. — La côte de Galice. — Le cap Finisterre. — L'arrivée à Vigo.

Samedi 6 juillet 1895.

Le cœur un peu gros, j'ai dit adieu aux miens, et maintenant nous roulons en voiture sur les quais, J. R..., mon camarade de voyage, son frère qui nous accompagne jusqu'au Verdon, et moi.

En face de l'entrée des docks, le *Béniguet* est mouillé au milieu de la rivière, debout au courant, et ses cordages détachent leur toile d'araignée dans la buée d'or matinale. Les mâts droits, les pavillons au vent, il est fièrement campé, mon joli navire, dans l'attitude très crâne de quelqu'un qui, l'œil clair, le front haut, se dispose à la lutte. C'est lui qui va nous emmener vers l'inconnu. Que nous réserve-t-il ? Déception ou surprise, joie ou peine ? Un instant j'y songe, puis, brusquement, pour couper court aux inutiles réflexions, car le sort en est jeté, d'une voix un peu rude j'appelle le canot.

Aussitôt montés à bord, le remorqueur nous entraîne. Le temps est radieux, une vapeur légère comme une mousseline flotte sur la rivière jaune, le coteau de Lormont, semé de taches blanches, s'éloigne, et tandis que nous descendons la Garonne, nous terminons notre accastillage.

Le bec d'Ambès dépassé, à neuf heures et demie, nous larguons la remorque, hissons les voiles, et le souffle de la vie anime le *Béniguet*.

Poussés par le jusant et une petite brise de N.-E., Saint-Julien et son clocher, pointant d'un bouquet de verdure ; Pauillac, sa tour carrée et les maisons correctement alignées de son boulevard désert planté de petits arbres, fuient rapidement. Les collines de Saintonge estompent vaguement leurs grisailles, et le fleuve vaseux va s'élargissant, devant nous sans limite, comme la mer.

A une heure et demie, le flot nous contraint à mouiller devant la Maréchale. Je profite de ce repos forcé pour présenter au lecteur le yacht et ceux qui le montent.

Le *Béniguet* est un yawl de quatre-vingts tonneaux, élégant et solide, bien râblé, bien assis sur l'eau, long de vingt-deux mètres, large de cinq. Les logements sont vastes, confortables, très aérés par des claires-voies. A l'arrière, une cabine à deux lits et la descente; au centre, un grand salon lumineux, peint en blanc à filets dorés, et sur lequel s'ouvrent, à tribord arrière, la chambre de l'ami J. R..., notre passager; à tribord avant, la mienne; à bâbord, une cabine donne passage dans la cuisine et le poste.

L'équipage se compose du cuisinier, du domestique, de quatre hommes, de mon inséparable second, le brave Layec, et de moi, capitaine armateur. Mes matelots sont tous Morbihannais d'Arzon, gens dévoués, honnêtes, travailleurs, excellents marins.

Le courant ayant molli et la brise fraîchi, nous repartons à quatre heures et demie. Le soleil décline, dorant de teintes chaudes les falaises crayeuses de la Saintonge; les croupes du Médoc, chargées de vignobles, s'abaissent et le rivage s'étire en une bande très mince, au dessus de laquelle le phare de Richard, perché sur ses échasses de fer, paraît un grand faucheux aux longues pattes frêles; à l'horizon, émerge comme un îlot la butte du Verdon.

Nous y arrivons à la nuit tombante et mettons en travers pour débarquer l'ami P. R...; dans l'adieu que nous lui adressons, nous sentons se briser le dernier lien qui nous rattachait à la terre.

Qu'il me semble triste le paysage : le clocher du Verdon perdu au milieu des pins; la côte de Royan qui s'estompe en face; quelques navires mouillés en rade, découpant leur gréement dans la lumière pâlissante, et l'Océan que nous devinons immense derrière la pointe de Grave, languette de sable rongée par l'assaut des lames. Là-bas, dans le fond de la rivière, à la surface de laquelle flotte la brume du soir, la lune monte, grand disque voilé, et les phares s'allument.

A huit heures et demie, l'embarcation rallie le bord; elle est hissée, saisie; les dernières dispositions sont prises pour la traversée, les voiles orientées et en avant. Bientôt le large se découvre; la brise est faible de l'E.-N.-E.; dans la passe du Sud, le bateau se traîne comme lassé et le jusant l'emmène.

L'Océan, pailleté d'argent par la lune, se

confond avec le ciel enténébré dans un infini lointain vaporeux. Un silence plane étrangement recueilli et nous n'entendons que le grincement plaintif des poulies et le roulement incessant de la vague se brisant sur la côte basse qui silhouette à perte de vue sa ligne noire imprécise.

A la sortie du chenal, je donne la route (O. 1/2 S.) pour aller atterrir à la pointe de la *Estaca*; le loch est filé, nous sommes en chemin pour la patrie de don Quichotte.

Dimanche 7 au mardi 9 juillet.

Durant ces trois journées, nous voguons vent arrière par un temps admirablement pur, dans la solitude majestueusement paisible de l'Océan d'un bleu profond, à peine moucheté d'écume blanche.

Nous jouissons de la bonne liberté de la mer, de l'existence au grand air vivifiant, sans voisins gênants, sans autre loi que celle de la destinée, sans autre règle que celle de la fantaisie.

Trois navires, le *Pierre-Paul*, de Bordeaux, le *Jules-Coudert*, de La Rochelle, et un voilier, nous croisent, seuls êtres animés qui nous rappellent le monde. Comme nous ils traversent l'immensité, et quand ils passent, de longues discussions s'engagent pour savoir où ils vont, d'où ils viennent, ce qu'ils font. Tous en effet nous subissons un sort commun ; comme devant la mort, nous sommes tous égaux devant la mer, elle est le grand trait d'union qui nous enchaîne dans une indissoluble solidarité.

Le dernier soir, un homme de quart signale : « un feu à éclats par babord devant. » Je saisis la jumelle, je compte l'intervalle séparant les éclats ; c'est bien le feu de la Estaca. Un phare, la terre, le but atteint ! tous dans un même élan se portent avec moi sur l'avant et nos yeux ne quittent pas ce minuscule point brillant qui, solitaire, perce l'épaisseur de la nuit de sa lueur d'espérance.

Mercredi 10 juillet.

Une forte brise de N.-E. nous fait marcher à belle allure. Je laisse porter pour reconnaître la terre au plus vite ; l'eau change de couleur, devient glauque, et bientôt, à travers la brume légère, l'Espagne nous apparaît, nuage très vaporeux. A huit heures, nous atterrissons à la pointe de la Frouxeira.

La côte montueuse présente peu de points facilement remarquables permettant de préciser la position. La haute falaise de granit dégringole, abrupte, noire, comme couverte de suie, vue ainsi à contre-jour; la houle qui la fouette rejaillit en gerbes d'écume baveuse et quelques arbres maigres détachent sur les sommets dénudés leurs grêles rameaux.

Au flanc d'une roche escarpée, le phare du cap Prior s'accroche accolé à une maisonnette blanche; plus loin, tout semblable, mais moins accentué, le cap Prioriño garde l'entrée du Ferrol, brèche gigantesque; puis se creusent les baies de Betanzos et de la Corogne.

Des barques de pêche naviguent, leur unique voile blanche bien gonflée; l'une d'elles passe à nous toucher, et debout à l'avant se tient un jeune garçon en chemise de flanelle orange; nous arrivons au pays de la couleur.

Nous distinguons maintenant, isolée sur son mamelon pelé, la haute tour d'Hercules; devant elle une maison est couchée : Omphale aux pieds d'Hercule, la revanche du héros.

Le fort de San Antonio sur son îlot gris, la ville de la Corogne avec ses constructions énormes, se découvrent, et derrière, des montagnes s'indiquent, formant le fond du décor.

A onze heures et demie, nous entrons à toute vitesse dans le port ; je viens debout au vent, les voiles ralinguent, le *Béniguet* s'arrête et nous mouillons entre deux dundees français.

La terre ! presque un trouble dans notre vie ! Il va falloir penser à mille détails tracassiers, mais nous allons recueillir des impressions !

La temps de prendre notre courrier, de renouveler nos provisions, de remplir les formalités de la Santé, qui me fait revenir trois fois avant de me rendre la patente, et nous revenons à bord. Nous verrons la ville au retour; aujourd'hui, nous causons de nos projets de voyage, et nous établissons notre plan de campagne.

Le soir, les lumières scintillantes piquent l'ombre, s'arrondissant le long du quai, s'étageant au flanc de la colline; sur le castillo de San Antonio le phare brille et la baie est plongée dans un noir profond, impénétrable. Le contraste est saisissant entre les bruits qui nous viennent de la ville, ces musiques dont les sons nous parviennent très affaiblis et le grondement sourd que nous apporte l'Océan.

La lune se lève, chassant les ténèbres ; sa lumière, douce et triste, dessine faiblement les contours de la rade. Minuit sonne au clocher de la Collegiata et lentement les heures tombent, très vibrantes, très martelées.

Jeudi 11 juillet.

Dès six heures, nous appareillons pour Vigo. En quelques bordées nous doublons la presqu'île où se dresse la tour d'Hercules; la Corogne se montre un instant sur l'autre côté de l'isthme où elle est assise, puis elle disparaît derrière la pointe de San Pedro.

Tout le littoral se déroule montagneux et sauvage, avec des plans successifs de plus en plus élevés et imprécis, les derniers gradins nimbés d'une auréole de nuages. Des plaques claires, très parsemées, signalent les champs cultivés; des fumées bleuâtres montent dans l'air et des vallées s'enfoncent au milieu des soulèvements de la chaîne.

Des alternatives de calme et de brises folles nous amènent jusqu'aux îles Sisargas, escarpements d'incultes rocs granitiques. Au delà, le rivage se profile très découpé; un à un les caps s'avancent dans l'Océan, s'estompant à mesure qu'ils s'éloignent comme les ombres dégradées d'un lavis.

Le ciel se grise, la mer prend une teinte livide, la terre se ternit uniformément, les reliefs du sol s'effacent.

Les nuages s'amoncellent, ouatant de tampons floconneux les flancs des sommets, et bientôt la brume nous enveloppe, tombe en une pénétrante pluie fine. C'est un temps de Norvège et nous avons l'illusion de ces parages, tant cette côte de Galice est entaillée de déchirures profondes comme des fjords.

Vendredi 12 juillet.

Toute la nuit, nous restons en calminée sous le cap Villano, lourdement secoués par une grosse houle qui nous porte à terre; nous sommes dans l'impossibilité de gouverner et la situation, sans être critique, nous inspire cependant quelque inquiétude. Le bateau roule bord sur bord, les voiles battent avec un claquement sec de coup de fouet, la bôme se balance brutalement, menaçant d'arracher les pitons de la grande écoute; le pauvre *Béniguet* gémit, se plaint, et sa souffrance est la nôtre.

A cinq heures, la mer se persille, se troue, comme criblée de grains de plomb, et bientôt, grâce à une fraîcheur de N.-N.-O., nous pouvons nous élever de cette côte malsaine dont les dangers débordent loin au large du cap Toriñana.

Toujours le brouillard nous enveloppe ; en vain l'œil cherche à le percer, à quelques mètres le regard s'obscurcit comme frappé de cécité. L'eau visqueuse colle aux flancs du yacht ; dans l'air humide, épais, la trompette corne ses appels lugubres et parfois nous répond le sifflet strident d'une sirène.

Je fais cependant changer la route pour aller reconnaître le cap Finisterre, quand à dix heures et demie j'estime que nous nous trouvons à onze milles dans le S. 62° O. de Villano. Vers deux heures, la brume se lève, la côte se dégage, les cimes émergent les premières, tandis que leurs bases restent voilées d'une sorte de fumée blanche.

La mer, tout à l'heure solitaire, se peuple de navires qui, de toutes les parties du monde, viennent ici faire leur point.

A quatre heures nous atteignons Finisterre. Le cap, presqu'île inaccessible, au sommet hérissé d'aiguilles, pointe en plein Océan ; sur le versant abrupt, un phare se cramponne désespérément; à cent quarante mètres au dessous, la falaise s'abîme dans les eaux, et la terre d'Europe finit. Au delà il n'y a plus rien que l'immensité terrible du royaume de la mer qui semble ne pas avoir de limites. Les promontoires des baies de Corcubion, de Muros, d'Arosa, de Pontevedra et de Vigo forment les cinq doigts d'une main gigantesque, tendue en suppliante pour implorer la clémence des flots, pour protéger le continent contre leurs attaques furieuses.

A l'ouvert de la Ria de Muros, le monte Louro détache la nudité de son roc fauve, éclairé par les rayons du soleil qui s'abaisse. Nous défilons rapidement, bien appuyés par une jolie brise de N.-N.-O., et le *Béniguet* reprend ses forces avec la vitesse, tel un malade qui recouvrerait la santé.

Rendus prudents par le souvenir du *Dom-Pedro*, qui s'est perdu dernièrement sur les écueils semés en éclaireurs devant le cap Corrubedo, nous en passons à bonne distance.

A neuf heures et demie, je mets en travers dans le sud-ouest de l'île d'Ons, attendant le jour pour donner dans la baie de Vigo. Et descendu dans ma cabine, j'entends résonner le pas régulier des matelots de quart qui, le cou rentré, l'échine voûtée, le bonnet de laine enfoncé protégeant les oreilles contre la bise cinglante, se promènent épaule contre épaule pour se soutenir et lutter contre l'engourdissement du sommeil.

Samedi 13 juillet.

Dès quatre heures, nous nous dirigeons vers la passe du Nord. Dans la pénombre crépusculaire, les îles Ciés, barrant l'entrée du golfe de Vigo, découpent les aspérités aiguës de leurs dents de scie, avec la netteté d'ombres chinoises taillées à l'emporte-pièce. Sous un ciel tourmenté, un chaos de montagnes encore noyées d'ombre dressent leurs pitons ou leurs dos arrondis, et le spectacle est grandiose, d'une beauté presque sauvage.

Mais bientôt une clarté de feu troue les nues, le soleil levant darde ses flèches brillantes qui éclaboussent la mer, et le décor s'illumine et s'égaie. Dans le fond de la baie de Pontevedra un pic se teinte de gris perle, tandis que dans le nord-nord-est les sommets restent d'un violet sombre, le front couvert de cumulus noirs. Des barques de pêche sortent en foule, animant le tableau ; elles longent les flancs abrupts des îles Ciés et paraissent des papillons blancs voltigeant au bas d'une haute muraille.

Le cap del Home doublé, s'ouvre la baie de Vigo. Les collines s'abaissent en pente douce, chargées d'une riche végétation; les arbres poussent dès que la roche cesse, et, de tous côtés, des maisons blanches miroitant au soleil, s'éparpillent au milieu d'un nid de verdure.

A gauche, la petite ville de Cangas se blottit comme une frileuse au creux d'une anse abritée. A droite, Vigo, couronné de son Castro, s'étage sur un mamelon, et les deux tours grecques de son église se dressent au dessus de constructions nues, grandes comme des casernes, percées d'une multitude d'ouvertures, des yeux noirs qui nous regardent curieusement.

Puis la baie s'étrangle entre les deux éperons du détroit de Rande, et se prolonge au delà jusqu'au cirque de montagnes qui semblent monter sur le dos les unes des autres pour mieux voir l'admirable panorama.

L'embarcation de la *Sanidad* vient rallier le bord; la libre pratique nous est donnée, et nous laissons tomber l'ancre à deux encablures du môle. Le ciel d'azur est limpide, l'eau bleue, la rade tranquille... Quelle jouissance de se reposer dans ce pays béni !

II

VIGO

Au consulat. — La ville. — Un incendie. — La Rivera del Berbés. — Le Castro et la rade. — Au mouillage. — 14 juillet. — Galice et Gallegos. — La villa Areosa. — La campagne. — Les chars à musique. — Au monte de la Guia. — Chez un libraire.

Samedi 13 au dimanche 21 juillet 1895.

Aussitôt débarqués nous nous rendons au consulat. Notre représentant me permettra de lui témoigner notre reconnaissance pour l'hospitalité cordiale qu'il nous a offerte pendant notre séjour. Il considère sa maison comme terre française et l'ouvre largement à ses compatriotes; nous y avons eu la sensation inappréciable à l'étranger de retrouver une famille et un foyer.

Esprit délicat et délié, diplomate affiné, avec cela rempli d'une attirante bonhomie, M. Ducloux a su gagner l'estime, la considération unanime et se créer des relations amicales dans la haute société. Il ne se contente pas de la gestion de son poste; savant érudit, il se livre à des recherches scientifiques, à des études sur les productions, les ressources de la contrée qu'il connaît à fond, et rend ainsi à la France de signalés services.

C'est à son obligeance que je dois la plus grande partie des renseignements rapportés dans ce livre et qui m'ont aidé à apprécier la Galice.

Vigo (le *Vicus Spacorum* des Romains), simple hameau de pêcheurs, il y a peu de temps, se développa rapidement, grâce à sa situation exceptionnelle sur ce golfe presque sans rival en Europe. En 1876, la ville comptait treize mille habitants; elle a presque doublé ce chiffre aujourd'hui, et seize cents navires y touchent annuellement, Son importance n'échappa point aux grandes puissances; la flotte anglaise y apparut d'abord; depuis quatre ans nous y envoyons nos vaisseaux; les Allemands suivent l'exemple.

Le commerce le plus considérable, auquel Vigo doit sa richesse croissante, est la pêche. Dans ces parages le poisson foisonne, surtout le merlus, le pagel et la sardine. Quand la mer après avoir été phosphorescente devient ocreuse, celle-ci abonde, et je l'ai vu vendre à ce moment un franc le mille. Il paraît qu'elle n'émigre nullement comme l'affirme M. Pouget; elle serait autochtone, se tenant suivant les époques à des profondeurs variables. M. Ducloux nous montre des bocaux contenant des sardines de toutes grosseurs et recueillies au même endroit. Quant au thon, il est inconnu, bien qu'existant en quantité sur les côtes.

Des compagnies font construire, pour trente à trente-cinq mille francs environ, des vapeurs qui rapportent quinze mille francs par an. Six à huit mille tonnes de marée sont expédiées sur Madrid, et c'est là le plus clair des revenus du chemin de fer.

Dans une officine nous changeons notre monnaie française avec un bénéfice de 16 %. L'or fait prime à cause du monométallisme argent, et on nous encombre de billets et de pièces de cinq pesetas.

Vigo moderne ne nous arrête pas; quartiers déserts, voies à peine achevées, terrains vagues, constructions immenses capharnaüms. De porte en porte une mendiante frappe, enveloppée dans un châle, deux amours d'enfants dans les bras, poignant dénûment qui nous attriste. Autour d'une fontaine, source de vie dans les pays du Midi, des femmes se groupent portant sur la tête de grosses barattes qu'elles viennent emplir d'eau.

Dans le vieux Vigo le pittoresque nous saisit; c'est un labyrinthe de petites rues dallées, montueuses, resserrées, avec un tassement, un fouillis de maisons basses. De temps à autre, une trouée forme une minuscule *plazuela*, et par des échappées apparaît un coin de la baie bleue.

La calle de *Camboa* est pavoisée d'étalages primitifs, étoffes éclatantes, jupons écarlates aux dentelles noires. Calle *Oliva* ornée d'armoiries, sous un arceau passe une *señora* en mantille, jupe bleue, châle noir et fichu blanc; riante scène de genre très locale.

Le tocsin retentit, et aussitôt la foule surgit, sortant d'on ne sait quels recoins, d'entre les pavés peut-être, et court se masser sur la place de l'église, où dans une masure le feu s'est déclaré.

Les fenêtres s'ouvrent, découvrant les

logements, des alvéoles de ruches, et à tous les étages des gens paraissent effarés. Les femmes échevelées lèvent les bras et les yeux au ciel, et font entendre un concert de gémissements; les hommes crient, gesticulent, enjambent les balustrades des balcons, grimpent sur le toit, redescendent, remontent, s'agitent comme des énergumènes, pour n'organiser aucun secours. Bientôt c'est une pluie de matelas, de chaises, de glaces, de vêtements, de hardes; chacun déménage à la hâte son mobilier misérable; émoi et confusion inénarrable.

En bas les curieux se contentent de regarder, en se croisant les bras, et de commenter l'événement avec force tapage. Une colonne de fumée fuse, une flammèche jaillit, puis tout se dissipe. Alors un pompier unique se montre, en grand uniforme, à une croisée, serre des mains tendues et s'en va. J'imagine que l'incendie a dû être éteint par le moyen dont usait Gulliver chez les pygmées.

Puisque nous nous trouvons à côté, nous en profitons pour visiter la *Collegiata* qui n'a rien de remarquable, si ce n'est sa ressemblance avec une église grecque.

Travesia de la Carcel, un singe se livre à des tours d'acrobatie en face d'un perroquet qui jacasse; accroupie, une vieille ratatinée les regarde en grimaçant. Soudain une voix s'élève, à laquelle d'autres répondent, une prière d'enfants, la pensée innocente qui monte, se dégageant des impuretés de la matière.

Regardant la mer, est plantée l'*Alameda* (la promenade). L'amiral don Castro Mendez Nuñez, physionomie énergique, y possède une statue en bronze bien traitée, et un jet d'eau s'égoutte dans un bassin de pierre qui laisse fuir. Sur le quai, se construisent des hangars, des entrepôts, pour la Compagnie des Messageries maritimes, des môles en fer pour l'accostage des navires, et des cales de débarquement.

Suivant les vieux remparts à moitié démolis qui flanquent l'escarpement rocheux baigné par les flots, nous rejoignons la calle *Lopez Puigcerver*.

Très colorée, presque orientale, cette rue avec ses étalages baroques, ses artisans qui travaillent sur le pas de leurs portes ou dans des boutiques grandes ouvertes. L'une d'elles est une *barberia* ; dans la pièce basse, un client est assis sur une chaise démantibulée, une serviette effilochée autour du cou; au milieu de cheveux coupés une guitare repose sur le sol servant de plancher. Figaro obscur, tu conserves la tradition de ton ancêtre, tu te moques de ta misère, et ta plainte expire sur tes lèvres pour se perdre dans une chanson et un éclat de rire.

Nous arrivons à la *Rivera del Berbés*, le quartier des pêcheurs, celui qui donne à Vigo sa note d'originalité, et que, malheureusement, va faire disparaître la création d'un nouveau port.

Sans alignement, sans régularité, un pâté de maisons borde le rivage; elles n'ont qu'un étage, les toits en auvent avancent au dessus des balcons en bois vermoulu; des draps, des couvertures, des haillons flottent, étendards de la misère, au gré du vent; parfois des cages d'oiseaux sont accrochées à la façade. Les différentes parties ramassées de bric et de broc sont assemblées au hasard, tant bien que mal; mais si les fenêtres sont disjointes, la construction est solide comme les piliers de granit qui la supportent.

En dessous, s'ouvrent des arcades basses, où donnent des taudis infects, sans lumière; des sortes d'étables avec du fumier, tant la paille est pourrie. Le long des murs suintants, des gouttières en bois sont les lits dans lesquels dorment les troglodytes de ces antres;

à la voûte pend la lampe goudronnée, un plat rempli d'huile, et des rats faisant leurs nids courent sur la terre humide et noire. Dehors, au pied des piliers, sur les dalles gluantes, des paniers sont entassés pêle-mêle à côté de tables visqueuses d'écailles, et des baquets regorgent de sardines énormes. Il se dégage une odeur fétide de tan, de poisson putréfié, de saumure rance, qui soulève le cœur.

En attendant l'heure de la marée, des femmes en guenilles sont couchées sur les tables ou sur les dalles, dans l'eau croupie; d'autres recueillent avec des raclettes les détritus que rejette le flot; des hommes au teint basané, aux figures brutales d'énergie, circulent pieds nus, un béret rouge sur la tête.

Mais voici que, du côté du large, la mer se couvre de voiles, et bientôt les barques viennent s'échouer devant la Rivera. Immédiatement, tout le monde s'éveille, se lève, la vie reprend, et une cohue grouillante, rapide, pressée, de gens entrant dans l'eau jusqu'à mi-jambe, fait la navette entre les bateaux et la terre. Les paniers chargés à bord sont aussitôt saisis, empilés dans des charrettes; quand elles sont combles, un vigoureux coup de fouet fait tendre le cou aux mules, qui glissant et tirant s'engouffrent dans la rue de Puigcerver.

La dernière voiture partie, les barques s'enfuient, disparaissent, chacun rentre dans son bouge; le calme se rétablit jusqu'à l'heure du flux nouveau, et l'on n'entend plus que le bruissement de l'Océan dont la vague expire sur la grève.

Nous montons vers le *Castro* par la calle de la *Cruz Verde*, un vrai chemin de croix abrupt, et le *Paseo de la Granada*, fort mal entretenu, avec des remblais couverts de déchets de fer blanc, de tessons de bouteilles et d'immondices. Au pied du rempart de la caserne, une femme vêtue d'un corsage rouge et d'une courte jupe noire parait et disparaît : Carmen peut-être attendant don José.

En haut du paseo, nous trouvons la cabane de l'employé d'octroi, « *fielato* », allusion sans doute à l'amertume qu'éprouve le contribuable à ouvrir sa bourse en faveur de la gabelle.

Sur la route poudreuse qui contourne les flancs du Castro, un char à bœufs indolents gravit, s'arrêtant à chaque pas, la côte ardente de soleil; péniblement le conducteur se traine. Si le proverbe : « *Chi va piano, va sano* », est vrai, ils vont sainement.

Nous atteignons le sommet du Castro, fortification décorative, mais d'aspect nullement offensif, malgré ses canons braqués ; bien branlants, bien crevassés sont les bastions du « *fuerte imprenable* ».

De cette citadelle, nous dominons tout entière la baie féerique, tant vantée, tableau constamment changeant et varié : fjord de Norvège à l'indécise et pâle lumière du matin voilé; rade de l'Archipel, quand midi éclabousse les flots de paillettes d'or ; lac de Suisse dans le fond, où, par dessus le monte *de la Guia*, une tache bleue se montre entourée de montagnes qui graduellement s'élèvent depuis l'Océan.

Les îles Ciés font sentinelle à l'entrée du golfe; des pointes s'avancent, minces languettes, aiguës comme des dards ; des pentes chargées de végétation énergique contrastent avec des sommets pelés ; et partout sont disséminés, éclatants de blancheur, des villages ou des maisons isolées aux tuiles rouges ; sur l'eau, des barques glissent, points imperceptibles. A nos pieds, Vigo, d'où s'élèvent les deux tours grecques de la Collegiata, s'accroupit dans un creux; ville heureuse où il doit faire bon vivre au milieu de ce site merveilleux et attachant.

Dans la tiédeur de l'air, la nature pleine de

quiétude est assoupie; les sens, l'esprit, le cœur pris, nous restons sans mot dire devant ce spectacle vraiment et grandement beau.

Nous redescendons par le *callejon del Estrecho*; une treille chargée de raisins y orne une bicoque devant laquelle becquètent des poules autour d'un enfant dont la face est rongée de gale. Le sentier de chèvres se termine par un escalier où chaque marche est marquée d'une ordure, et contre un mur je lis cette inscription : « *Se prohibe fijar anuncios.* — Il est défendu de placarder des affiches. »

M. Ducloux vient nous rendre à bord notre visite, accompagné de sa fille. On sent que son père s'est occupé de son éducation; si l'accent est légèrement espagnol, l'esprit en revanche est bien français et les yeux superbes pétillent d'intelligence. Nous n'aurons que plus tard le plaisir de voir sa mère qui se trouve en voyage. Nous les reconduisons au wharf, et déjà la yole est très regardée; nos marins mettent tout leur amour-propre à manœuvrer avec ensemble, leurs poitrines se gonflent, leurs muscles se tendent et d'un vigoureux coup d'aviron ils enlèvent leur embarcation.

Nous nous laissons aller à une longue et intime causerie, après avoir dîné sur le pont. Les lumières de Vigo s'étagent au flanc de la colline; très massées à l'endroit où se groupe le centre de la ville, elles se font de plus en plus clairsemées et finissent par s'éteindre au loin, dans l'ombre brune. Deux traînées de points brillants soulignent une rue qui monte en face de nous.

Sur la rade où flotte une buée, qui semble la sueur de l'eau, les fanaux des navires marquent la largeur de la baie, et le profil très noir des montagnes se devine au milieu des ténèbres. Un calme profond nous enveloppe; très nets les moindres bruits nous arrivent, des aboiements de chiens, et la sonnerie d'un clairon lançant les notes de l'appel.

Les détonations d'un feu d'artifice et les fusées illuminant la nuit, nous indiquent une fête de ces heureux qui se laissent aller au charme d'habiter un tel pays, insouciants de l'avenir, oublieux des misères passées, plus riches de leur gaîté que s'ils avaient découvert l'or des galions enfouis au fond du golfe. Eh! qu'importent les galions, peut-être un mythe, si la légende est dorée? Ceux-là sont les philosophes qui jouissent de la félicité présente, ne regardent que le coin du ciel bleu au dessus de leur tête, sans se préoccuper des nuages de tempête pouvant monter à l'horizon. Ce soir le firmament est constellé d'étoiles, la mer étonnamment phosphorescente accroche aux rames des gouttelettes d'argent, entoure les barques d'une ceinture de feu, et un hymne de silence presque religieux monte dans la sérénité du ciel.

Le dimanche, 14 juillet, le grand pavois est arboré à bord du *Béniguet* et en tête du grand mât flotte la *bandera* espagnole, marque de déférence pour nos hôtes. Cette politesse nous vaut nombre de curieux et de visiteurs qui se montrent très touchés de notre attention.

M. Ducloux nous emmène avec lui; tout d'abord nous nous promenons sur la route d'Orense, puis nous nous en écartons pour nous enfoncer dans la campagne. Comme en Bretagne, nous suivons de petits chemins creux, si étroits que les roues des chars à bœufs ont creusé leur sillon dans le rocher; sentiers d'amoureux au moelleux tapis de gazon, où les feuillages des arbres forment un dôme de verdure au dessus de nos têtes.

A notre insu, nous pénétrons dans une propriété privée; comme nous nous excusons auprès du maître de l'endroit, il nous répond qu'il est trop heureux de recevoir des étrangers, et fort aimablement il nous montre son domaine; devant la maison, des touffes d'hor tensias bleus sont en fleurs, les hortensias roses sont inconnus en Galice.

La vigne est ici cultivée sur une treille supportée par des piliers de granit; les raisins donnent un vin très net, et qui se rapproche un peu du médoc. La flore du Nord s'allie à celle du Midi; le chêne, le châtaignier, le pin maritime et le pin parasol poussent à côté du laurier-rose; depuis vingt ans, on plante des eucalyptus qui réussissent à merveille. La terre est si fertile que tout y vient sans culture.

Notre curiosité est sollicitée par de petites chapelles, des sortes de mausolées percés de meurtrières, recouverts d'un toit de tuiles ou de dalles et isolés du sol par quatre colonnes de granit. « Ce sont, nous dit M. Ducloux, des greniers à fourrages, des *orrios*, l'accessoire typique et obligé de toute propriété gallega. Elles sont ainsi surélevées pour empêcher les incursions des rats. » Quant à la forme de chapelle et aux croix, peut-être est-ce pour implorer la protection du ciel ?

A un carrefour, des paysans jouent à la *llave*. Il s'agit de frapper avec des palets de plomb les bras tournants d'une croix simple ou double piquée dans la terre. La grande distance à laquelle se mettent les joueurs exige, outre l'adresse, une dépense de force considérable; l'enjeu consiste généralement en bouteilles de vin.

Comme, pour m'en rappeler la forme, j'esquisse une croix sur mon carnet, un jeune garçon s'approche de moi, et prenant mon crayon : « Vous oubliez quelque chose », me dit-il; et il trace le terrain et les palets. Je pense qu'il veut se livrer à une moquerie, très innocente d'ailleurs : « Détrompez-vous, me dit M. Ducloux, son intention n'est nullement ironique; il n'a cherché qu'à vous être utile. Si vous interprétiez différemment sa façon d'agir, vous connaîtriez mal nos *Gallegos*.

» La Galice possède un cachet tout spécial et ne ressemble en rien au reste de l'Espagne; ses habitants ont conservé toute leur simplicité primitive; bien qu'ayant déjà dépouillé leur rudesse, ils sont encore légèrement réfractaires à la civilisation. La Galice est un peu l'Auvergne, surtout la Bretagne espagnole. Comme dans notre ancienne province, le sol est granitique, la contrée est peuplée de légendes, les fêtes rappellent les Pardons et l'on y danse, au son du biniou, la *muyñeira* qui est le demi-tour ou la ronde. Le dialecte, mélangé de castillan, de portugais et de pur latin, est une langue et non un patois.

» L'amour des Gallegos pour leur pays est proverbial. Au régiment, sur les navires, on leur joue des airs nationaux pour les empêcher de mourir du spleen, la *morriña*; sous ce nom, Mme Emilia Pardo Bazan a publié un roman de mœurs très curieux (*La Morriña, historia amorosa*). Cet attachement à la terre a pour conséquence l'attachement aux personnes; les Gallegos font des domestiques très dévoués; il existe beaucoup d'intimité entre eux et leurs maîtres qu'ils appellent, non señor, señora, mais *señorito, señorita*.

» Je vous citerai, sous toutes réserves, un dicton fort répandu :

Caminos donde quepan dos,
Limpieza, verdad, justicia,
No hallaras en Galicia,
Aunque lo pidas por Dios.

Chemins où l'on passe à deux,
Propreté, vérité, justice,
Cela tu ne trouveras en Galice,
Même en le demandant pour l'amour de Dieu.

« Les chemins, nous venons d'en voir quelques-uns et vous en rencontrerez beaucoup de semblables en parcourant la Galice. La vérité et la justice, mon Dieu ! elles ne sont ni meilleures ni pires que dans le reste du royaume. Quant à la saleté, c'est la plaie de cette région ; les Gallegos la confessent, mais ne s'en corrigent pas. Je vous raconterai, à ce sujet, une anecdote personnelle. Un jour, dans un hôtel de petite ville, je m'aperçus que les draps étaient de blancheur douteuse ; j'appelai la bonne et lui fis observer qu'elle avait dû oublier de les changer : « Oh ! monsieur, me » répondit-elle, ils n'ont pourtant servi qu'une » fois. »

» Un autre trait caractéristique est la douceur. Il n'y a pas de courses de taureaux, et rarement vous entendrez des disputes. Douceur aussi du climat : à la ville il gèle rarement ; dans la campagne, le thermomètre ne descend guère au dessous de deux degrés.

» La troisième marque distinctive des Gallegos est d'être affables, polis, accueillants, hospitaliers. En revanche, ils sont vindicatifs, ombrageux, jaloux. Leur naïveté a été un peu exagérée ; on disait jadis qu'ils se mettaient au lit quand leurs femmes accouchaient. En réalité, celles-ci peinent durement, portent les fardeaux, remplissent presque le rôle de bêtes de somme ; aussi à trente ans elles sont fanées. Les dames des hautes classes ont de beaux yeux, une figure avenante et expressive; mais elles ne connaissent pas l'art de s'habiller avec goût.

» Les hommes sont petits, trapus, nerveux, robustes; leur sobriété, leur obéissance, en font d'excellents soldats comparables aux soldats turcs. Leur endurance à la fatigue m'étonne; j'en ai vu, après une journée entière de marche, faire danser à l'étape les filles du village. Mieux commandés, vêtus et nourris, on en formerait une armée redoutable.

» Le Gallego n'a ni l'indépendance farouche du Basque, ni la morgue du Castillan. Il s'engage comme portefaix, ou s'embauche au moment de la récolte pour faire la moisson. Ce penchant pour les travaux infimes lui attire le dédain de ses fiers compatriotes des autres provinces, qui pour exprimer un affront reçu disent : « *He sido tratado como* » *si fuera Gallego*, — on m'a traité comme un » Gallego. »

» S'il est lent, il est tenace, entêté, travailleur, économe, chiche même; son ambition est d'amasser un petit pécule pour acheter un champ et deux vaches; il restera pauvre, mais alors il sera son maître, et il ne désire nullement la révolution.

» La propriété est très morcelée; à sa mort

chaque paysan divise son bien entre ses enfants qui feront de même à leur tour.

» La population est dense, surtout dans la province de Pontevedra, bien que le courant d'émigration y soit très actif.

» Les femmes sont en effet d'une fécondité extraordinaire; il paraît qu'il y a un accouchement double sur quatre, mais je ne vous garantis pas l'authenticité du fait.

» Le peuple est pieux, et le culte de la *Virgen* est en grande vénération. Toutes les jeunes filles s'appellent Marie; aussi, pour les distinguer, un second qualificatif indiquant l'attribut de la Vierge est-il adjoint au premier nom générique. Vous trouverez Mlles *Concha*, coquille; *Pilar*, pilier; *Milagros*, miracle; *Amparo*, secours; *Esclavitud*, esclavage; *Martirios*, martyre; et tant d'autres encore. »

Que certains de ces noms ne présagent pas le sort réservé par le mariage à ces femmes espagnoles : « que la courtoisie réelle des hommes n'empêche pas de tenir sous une tutelle humiliante et regrettable. »

Au coucher du soleil, le coup de canon de notre yacht fait, en même temps que les nôtres, amener les couleurs aux navires de la rade, hommage rendu à la France. Un Anglais lui-même est contraint d'abaisser son pavillon, et son orgueil national a dû souffrir de passer sous nos fourches caudines.

Tout autour de Vigo, au milieu de beaux ombrages qui verdoient, de coquettes villas s'égrènent. Une habitude gracieuse veut qu'elles portent le nom de la femme du maître. Les maisons carrées, peu élevées, aux larges toits de tuiles rondes, ont peu d'apparence; mais l'air, le jour, y pénètrent à flots vivifiants et joyeux, la vue ne s'y butte contre aucun obstacle, et, le long des murs, des plantes grimpantes accrochent leur manteau de fleurettes. Une de ces habitations, *Manuela*, un chalet de la banlieue parisienne, détonne dans ce cadre qui n'est pas le sien.

La villa *Areosa* est la reine de toutes. Grâce à M. Ducloux, nous avons le plaisir de la parcourir, amicalement reçus par son propriétaire. M. Monteiro est l'ardent amateur de jardins; garçon, il se livre tout entier à sa passion, amoureux de ses fleurs comme un amant de sa maîtresse. C'est un artiste qui sait mettre son œuvre en valeur et lui faire rendre tout son effet; les parterres ont un chatoiement de nuances, un fondu de couleurs et une délicatesse de parfums flattant l'œil et l'odorat.

Derrière la maison nous retrouvons Versailles, son parc, ses charmilles, ses berceaux; devant, un jardin paysager ménage habilement des perspectives fuyantes et variées. Toutes les essences d'arbres sont réunies : les lauriers, les cèdres, les tuyas, les magnolias, les poivriers, les orangers, les bananiers, les araucarias, les camélias de huit mètres, et nous avons l'illusion des régions tropicales. Un potager, un verger, des treilles, fournissent en abondance légumes, fruits et raisins. Trois hommes et deux femmes sont occupés à l'entretien du domaine où pas un soin n'est omis.

Un salon est installé au premier étage de l'habitation, sous une véranda vitrée, et par la baie lumineuse, à travers les échappées des branchages feuillus, le golfe montre sa nappe bleue, sillonnée d'embarcations; c'est un séjour paradisiaque.

Sur un album posé au coin d'une table et destiné à recevoir les impressions des visiteurs, je lis ces vers :

Por muchas piedras que pongas
En mitad de una corriente,
Ni se ha de par... ...
Ni se ha de se... la fuente.

Pour nombreuses que soient les pierres que tu mettes
Au milieu d'un courant,
Ni l'eau ne s'arrêtera
Ni la fontaine ne se séchera.

Cette grande idée puissamment rendue est signée d'un nom de femme gallega, Rosaria de Acuña.

Oui, comme le torrent, le flot humain coule implacable. Laissez-le suivre sa route vers son but final, selon les règles prévues de la destinée : évolution ! Qu'une barrière vienne entraver sa marche, il s'accumulera grondant, et d'un effort violent, il rompra la digue : révolution ! La révolution est une perturbation momentanée, non un cataclysme; c'est l'évolution un instant entravée qui reprend son cours normal. Il faut que les faits se produisent suivant la loi naturelle; vous les retarderez, vous ne les empêcherez pas.

Dans la salle à manger, un lunch est préparé ; le madère dore nos verres de sa topaze limpide et M. Monteiro nous souhaite la bienvenue. Nous lui répondons de notre mieux, cherchant à conserver à la France sa réputation de galanterie, d'humour et de gaîté. Hernani nommait ses aïeux, ventre saint-gris ! souvenons-nous des nôtres. Nous

nous séparons sur une cordiale poignée de main.

Vigo est l'idéal du touriste; ses environs immédiats, justement réputés, fourmillent d'excursions ravissantes.

M. Ducloux nous conduit en voiture jusqu'au *Castrelos*, un manoir crénelé dominant à flanc de coteau une vallée délicieuse. Non loin, une voie romaine aboutit à un pont de la même époque (le pont du marquis de Valladares), et qui jette, sur un petit cours d'eau, une seule arche en plein cintre dont les pierres sont assemblées sans mortier. Le ruisseau flue limpide sur des cailloux et quelques mètres plus haut fait tourner un de ces moulins primitifs dont la meule laisse, pour essayer les dents, des éclats mélangés à la farine.

Sur la route un bruit étrange frappe nos oreilles, combinaison d'un bourdonnement de toupie, d'un ronflement de machine à battre, d'un grincement de scie qu'on affûte. Il est produit par les chars à bœufs et la raison en est l'utilité pour les conducteurs de s'avertir dans les chemins étroits. Lorsqu'on arrive en ville, où la musique est interdite, les moyeux sont graissés avec du savon; quand on repart pour la campagne, on remet du sable et le chant recommence. La tonalité varie du grave à l'aigu; s'il y a plusieurs voitures le concert assourdissant horripile et agace abominablement. Ces chars mérovingiens, répandus dans tout le nord de l'Espagne, sont des plus rudimentaires : deux roues pleines tournant avec l'essieu sur lequel reposent des traverses et un plancher grossier.

De tous côtés, dans les champs, pointent des mâts dressés, tenus par des haubans, et produisant l'effet d'une flottille échouée au milieu des terres. Ils signalent tout simplement une habitation en construction. Ce sont les seuls échafaudages desquels les maçons gallegos, excellents ouvriers, se servent pour bâtir les maisons solides et spacieuses dont le nombre sans cesse croissant étend chaque jour les limites de Vigo.

Que de promenades exquises réserve la baie profonde. Avec le canot nous allons jusqu'au monte de la Guia et, débarquant au pied du phare, nous gravissons l'escarpement de la pointe de la Timoeira. A travers un bois de sapins nous voyons à nos pieds la rade intérieure, un instant resserrée entre les pointes de Rande et de Bestias, fuir jusqu'aux montagnes qui s'escaladent et dont les dernières cimes se perdent imprécises dans le lointain. Sur la plage de Rios, des pêcheurs tirent leurs filets, des barques appareillent, striant l'eau de leur sillage, et le village de Teis égaie de sa blancheur le penchant d'un sommet; dans l'air calme la cloche de l'église fait entendre sa voix cristalline, chant de paix et d'amour.

Le long de notre chemin, au milieu d'un dévalement de roches, quelques chaumières s'éparpillent. Elles sont construites d'éclats inégaux de pierres sèches, et l'unique pièce sert à la fois aux gens et aux bêtes. De gros aloès tordent leurs feuilles de zinc aux pointes acérées, et une treille très verte jette une note luxuriante sur cette aridité.

Devant une porte, un bébé, de trois ans au plus, joue dans la poussière avec une boîte de fer blanc; la chemise, son unique costume, est relevée à la ceinture laissant nu le reste du corps; un béret trop grand lui couvre la tête jusqu'aux oreilles. Il me fait pitié ce bambin ; je l'appelle et lui mets dans la main un gros sou, *uno perro grande* (un grand chien, à cause du lion frappé sur ces monnaies). Sa face s'épanouit, il retourne la pièce dans sa main, l'embrasse; il n'en peut croire ses yeux : « Pour moi, moi tout seul ? » balbutie-t-il, et soudain, aussi vite que le lui permettent ses petites jambes, il s'enfuit, sans doute cacher son trésor. Rien n'est absolu, et cet enfant croyait avoir la fortune.

Nous voulons un matin aller à Pontevedra ; mais n'ayant pas été avertis que l'heure de Madrid, en avance de trente minutes sur celle de Vigo, réglait les départs, le train est parti quand nous arrivons à la gare.

Le temps est gris, la rade triste, la montagne noire, et avec le soleil a disparu la magie du paysage qui pourtant reste grand ; mais une ombre en a éteint la gaîté.

Nous allons par les rues familières, très connus déjà, saluant nombre de personnes, comme si depuis longtemps nous habitions la ville.

Chez un coiffeur, le colleur de papiers ayant accaparé le salon, on m'installe sur le palier ; jamais la boutique n'est fermée pour cause de réparations. Je note les cisailles dont on se sert pour me tondre et qui, dans une région moins pacifique, m'eussent inspiré des craintes pour la sécurité de mes jours.

Nous entrons dans un magasin pour acheter une carte de la Galice ; il n'en existe pas de bonnes et les guides sont inconnus. Nous nous attardons alors à causer avec le libraire, que M. Ducloux nous avait recommandé comme un esprit cultivé.

M. Kraff est un homme doux, renfermé, qui pense à l'intérieur. Le regard voilé derrière des lunettes est profondément triste, la voix est faible, chevrotante; une touffe de cheveux fins comme un duvet grisonne sur le crâne bombé. Suisse d'origine, docteur en droit dans son pays, il parle l'espagnol, le français, l'allemand et l'anglais. Il nous donne sur les écrivains espagnols les détails les plus intéressants, et sort de leurs rayons, pour nous les montrer, tous les ouvrages de son magasin. Le commerçant disparaît devant l'érudit tout heureux de pouvoir s'entretenir de littérature.

« Ce n'est pas la vente des livres, Messieurs, qui nous fait vivre, nous dit-il avec un sourire amer, mais celle de mille petits bibelots de papeterie.

» Nous avons cependant un mouvement intellectuel important dont Madrid est le centre.

» Au premier rang il faut mettre deux auteurs amis : MM. de Pereda et Pérez Galdós. Celui-ci, libre-penseur, se livre à des études de mœurs; son dernier volume est : *Nazarin*. Don José de Pereda, de Santander, membre de la *Real Academia*, est plus descriptif, meilleur styliste peut-être. De *Peñas Arriba*, il a été vendu six cents exemplaires dont cinquante à Vigo; ce fut considéré comme un succès.

» M. Juan Valera, philosophe sceptique, flatte pourtant le clergé dans *Pepita Jimenés*, après avoir écrit précédemment contre les prêtres.

» Le père jésuite Coloma s'est révélé dans *Pequeñeces* comme un pamphlétaire de premier ordre. On a fait beaucoup de bruit et bien des scandales autour de ce livre; c'est celui peut-être qui a été le plus imprimé et a obtenu la plus grande vogue.

» Mme Emilia Pardo Bazan, peintre des coutumes gallegas, va d'un sujet à l'autre, influencée par Bourget, Daudet et Zola. Son premier ouvrage *San Francisco de Asis*, une sorte d'autobiographie religieuse, ne faisait présager ni *la Morriña*, ni *Insolacion* (*historia amorosa*), roman étrange pour être écrit par une femme.

» D'esprit très moderne, Octavio Picón est un critique d'art fort apprécié; il a d'ailleurs des attaches françaises, par sa mère, une de vos compatriotes.

» La maison Henrich et Cie édite à Barcelone des volumes très soignés et fort bien illustrés. On ne tire guère à plus de mille exemplaires, et nous ne recevons jamais de volumes en dépôt.

» Une émancipation littéraire, incomparablement supérieure au courant félibre en France, se produit en Catalogne où se sont révélés des dramaturges et des écrivains de très haute valeur. La Catalogne est un pays conquis, que l'Espagne, sans le pouvoir, voudrait s'assimiler. Sa situation est la même que celle de la Pologne vis-à-vis de la Russie, avec cette différence que notre province, possédant l'argent, fait la loi au gouvernement qui lutte sans arriver à vaincre. C'est en vain que les télégrammes, alors qu'ils sont autorisés en toute autre langue, sont interdits en catalan, et on continue à prôner, à discourir, à écrire, à jouer dans cet idiome.

» — Et nos auteurs, quels sont les plus répandus en Espagne?

» — Bourget, Ohnet, Daudet et surtout Zola. J'ai vendu de *Lourdes* trente-six exemplaires en français, mais la traduction de *la Bête humaine* et de *l'Argent* m'est encore demandée. Loti est très peu lu, les Russes seuls l'achètent. »

En résumé, la tendance est au naturalisme et à la libre-pensée. Le premier caractère ne me surprend nullement, il est dans l'esprit espagnol, qui a l'amour de la brutalité matérielle, et sacrifie la convention, voire même l'idéal, aux choses tangibles lui donnant l'illusion de la réalité. Quant au second, il faut y voir une réaction, et comme toujours chez ces gens passionnés, elle est violente et poussée à l'extrême. Notre siècle, enfin, peut être comparé à un vieillard qui toute sa vie aurait étudié la théorie, et qui, brusquement passant à la pratique, s'y plongerait sans mesure.

III

PONTEVEDRA

Le voyage. — Marin. — Caractère de Pontevedra. — La Peregrina. — Santa Maria la Mayor. — L'Alameda. — Les ruines de Santo Domingo. — Un couvent. — La ville de Teucer.

Renseignés à nos dépens sur l'heure exacte du départ, nous arrivons à la gare en temps utile. Après la distribution des billets, opération longue et compliquée, nous passons sur le quai.

A la vue du train, je comprends le sourire de notre consul, quand j'avais émis devant lui l'idée de monter en troisième classe pour étudier le peuple.

Les premières ne sont rien moins que confortables : les banquettes graisseuses et crevées laissent passer le crin, les bois sont éclatés, le linoléum usé ; le matériel s'abime sans être entretenu ; il va tant qu'il peut, mais rien n'est fait pour en prolonger la durée.

Notre wagon s'emplit rapidement ; les conversations s'animent bientôt et force gestes accompagnent la langue rude, sonore, ronflante comme un roulement de tambour.

Nous nous déambulons avec l'allure et les réactions d'une charrette, surplombant la rive orientale de la baie de Vigo, dont l'eau, ocreuse aujourd'hui, baigne une quantité de petites criques, à l'abri desquelles des pêcheurs tirent leurs filets.

Au delà de l'étranglement de Rande, fermant la vue du large, nous débouchons sur un lac intérieur merveilleusement clos. Dans le fond, sur un îlot, le lazaret de Saint-Simon émerge en avant d'un cirque de hauteurs dont les sommets restent enveloppés de nuages floconneux.

A Redondela, située sur un *rio*, dans un enfoncement de la baie, un train vient se garer en face du nôtre. Aux portières des troisièmes classes, s'encadrent des têtes de voyageurs parqués comme des bestiaux : visages basanés que l'eau ne débarbouille pas souvent, chapeaux sales et bosqués, foulards sordides, châles frangés; sur les banquettes, sont entassés des mouchoirs, des loques rouges contenant des hardes. Un prêtre poussiéreux, la figure non rasée, sort de l'une de ces boîtes; un *muchacho* lui porte sa malle, sorte de cercueil d'enfant. Des gendarmes armés jusqu'aux dents accompagnent le convoi, pour le défendre en cas d'attaque fort improbable d'ailleurs.

Une seconde, nous entrevoyons Redondela, rabougrie au creux d'un ravin, et la route se poursuit au milieu d'un continuel changement de décors.

Non loin de Santa Maria de Puente Sampayo, s'étaient réfugiés en 1707, pendant la guerre de Succession, les quarante navires français et espagnols escortant les galions. Poursuivis par les deux cents bâtiments de la flotte anglo-hollandaise, le comte de Château-Renaud et le général Velasco coulèrent les galions et firent sauter leurs vaisseaux. Toujours généreux, les Anglais répondirent à l'héroïsme par la dévastation de la contrée. Depuis ce temps, souvent cherchés, jamais trouvés, les fascinateurs lingots d'or continuent à dormir ensevelis dans leur impénétrable linceul.

Nous franchissons de nombreux tunnels

au milieu d'un paysage alpin, puis, après nous être arrêtés aux deux haltes d'Arcade et Figueirido émergeant des champs de maïs, nous sommes rendus à Pontevedra.

Nous remettons au *jefe de estacion* un petit mot de M. Ducloux : « *B. la m.* (baise la main) *al S. Padros y tiene el gusto de recomendarte los dadores de la presente.* »

La carte produit son effet et, avec une parfaite obligeance, le chef de gare nous aplanit toutes les difficultés, nous donne toutes les indications désirables, nous prend lui-même nos billets et nous installe dans le train-tramway qui relie Pontevedra à son port, Marin.

Une femme du peuple nous demande la permission de s'asseoir à côté de nous. Avec une volubilité débordante, elle nous vante les charmes de Marin et nous engage à y séjourner. Elle se démène comme un beau diable, agite sa tête aux crépus cheveux noirs qui s'argentent déjà, secoue les pendeloques d'or de ses oreilles, et sa figure pain d'épice grimace expressivement. Son éloquence ne nous convainquant pas, elle se met à grignoter des poires. Une fois de plus, chez cette femme, chez les autres voyageurs, je constate l'urbanité accueillante des Gallegos.

Dans le fond du paysage, Pontevedra et sa cathédrale, Santa Maria la Mayor, dominent le rio Lerez. La baie, moins puissante que celle de Vigo, est gracieuse et me rappelle un peu un fjord suédois, avec ses rives rocheuses, ses croupes arrondies couvertes de sapins.

Les petites gares sont couvertes de plantes grimpantes et de belles propriétés bordent le parcours. A Lourizan, on nous montre celle de M. Montero-Rios, un des chefs progressistes du parti libéral. Non loin, sur une pointe de sable, l'église de Placeres se dresse devant l'îlot dénudé de Tamba.

En entrant à Marin, nous remarquons la *casa* du basque Echegaray, ce brasseur d'idées, ce cerveau encyclopédique, tout d'abord ingénieur et mathématicien, puis député en 1888. Au milieu d'un discours fameux, il exhiba une touffe de cheveux calcinés, et dans un vibrant mouvement déclamatoire il s'écria : « Vous voyez ces cheveux? Je les ai déterrés à l'endroit où l'Inquisition brûlait les corps. Eh bien! voulez-vous être libres ou retourner sous son joug? » La fable réussit; il devint ministre des travaux publics sous le ministère Sagasta. Aujourd'hui, retiré de la politique, il occupe le premier rang des dramaturges espagnols et ses pièces font fureur.

Nous traversons un faubourg où, tels des pendus, des morues racornies se balancent à des branches, et nous arrivons à Marin, village très calme, très heureux. Les maisons s'y chevauchent, peintes de nuances vives, rose, bleu pâle ou vert tendre; les façades sont recouvertes de tuiles coloriées, et aux balcons sourient quelques jolis minois. Calle de la *Veiguiña*, dont le nom mal prononcé nous vaut une rectification, un commerçant étale en plein vent ses étoffes; une marchande de légumes expose des chapelets d'oignons, des haricots dans une sébile, et une femme raccommode un filet.

Devant le port, quelques canots, deux navires et trois petits vapeurs sont ancrés au mouillage; sur le môle, des sardines ouvertes sèchent au soleil; au large, l'île d'Ons escortée de son pilote Onza s'allonge à l'ouvert du golfe.

A onze heures et demie nous déjeunons, assez à la française, au buffet de Pontevedra. La rue principale, sans caractère marqué, nous mène sur une place, à l'église de la *Peregrina*, une rotonde flanquée de deux légères tours ornementées. A côté, dans l'ancien couvent de *San Francisco*, l'administration et la députation provinciale ont établi leurs bureaux.

Pontevedra (*Pons vetus*) n'est plus que le

chef-lieu de la province ; elle perdrait toute son importance si on lui retirait le gouvernement civil, et c'est dans un intérêt tout local qu'il lui est conservé.

Vigo, tête du commandement maritime et militaire, est en réalité la ville riche, commerçante, prospère, la première de la contrée. Mais tandis que, née d'hier d'un village de pêcheurs, elle offre une note personnelle dans la Rivera del Berbés, le quartier pauvre, Pontevedra, donne la sensation d'une ville dont la gloire aujourd'hui disparue date d'une époque lointaine. La noblesse des familles est attestée par les armoiries des écussons sculptés en plein granit sur les hôtels somptueux. Les portes sont closes, les rues vides, les ventrus balcons ouvragés déserts ; le souffle glacial de la fin d'une grandeur a passé, mais les vieilles demeures sont debout, splendides encore, contant l'opulence de jadis.

Nous nous arrêtons devant une maison de la Renaissance dont il ne reste que la façade. La frise est formée d'une chaîne, admirable de relief, dont l'extrémité est mâchée par une gueule ouverte. Dans l'un des angles, une chimère accroupie, à la tête absente, est l'expression même de cette ville dont le corps seul subsiste.

San Bartolomé, avec ses contreforts massifs et puissants, contraste avec la cathédrale *Santa Maria la Mayor*, un travail de tourneur. Cette église, commencée en 1517, finie en 1559, est, d'après M. Lopez Ferreira, la perle de l'art gallego.

Le portail principal déroute par son originalité capricieuse et imprévue, ses ciselures innombrables et fantaisistes, la multiplicité de ses détails. Il y règne un mélange cocasse de profane et de sacré; c'est un Panthéon où Adam et Ève se trouvent en compagnie de Fernand Cortez et Christophe Colomb, saint Michel du Troyen Teucer, où les quatre évangélistes coudoient Charles-Quint et Philippe II.

Quant aux entrées latérales, celle du Nord, avec des arcs à trois piliers couronnés de candélabres, offre un intérêt archéologique plus marqué que celle du Sud (1539), où se lit une inscription en lettres romaines.

Aucune unité à l'intérieur : le plein cintre s'y remarque à côté de l'ogive; mais les trois nefs, de chacune trois voûtes, ne manquent pas d'ampleur, elles mesurent vingt-neuf mètres de large ; une abside prolonge de quatorze mètres le vaisseau central. Un zèle intempestif a couvert de chaux les tableaux en bas-relief représentant Adam et Ève. Ils rappellent ce dicton fameux : « Quand Adam piochait et Ève filait, où était le gentilhomme? » On trouve aussi la mort de Caïn, des moulins à vent et des scènes de la vie réelle qui, si elles pouvaient être mieux déchiffrées, feraient connaître des coutumes ignorées du moyen âge.

Dans une admirable position, l'Alameda est spacieuse. Au bout des allées feuillues, une trouée lumineuse laisse apercevoir un coin de ciel bleu et la base de la colline où Marin sème la blancheur de ses maisons. Mais toujours la négligence s'affirme, la promenade n'est guère entretenue; pourquoi quelques massifs de fleurs n'égaient-ils pas la nudité de la terre poudreuse?

Sur le côté gauche de l'Alameda, l'église de *Santo Domingo* s'est écroulée; de l'ancien édifice gothique, il reste seulement le chœur ruiné, et de leurs orbites vides, les fenêtres regardent la baie s'enfonçant vers l'Océan, qui, lui, demeure immuable. Quelques pierres milliaires ont été ramassées au pied des murs effondrés : groupement de souvenirs des siècles passés, réunion de glorieux débris fauchés par le temps impitoyable. Une palissade en bois forme clôture et, pour y pénétrer, on nous dit de nous adresser au couvent, la porte voisine.

Une petite sœur, mignonne sous sa cornette, nous regarde avec de grands yeux étonnés quand nous lui exposons l'objet de notre visite : « Mais non, nous répond-elle, nous n'avons pas les clefs. C'est ici un hospice de *viejos*, de *viejas*, et aussi de *niños*, de *niñas*. Si vous voulez visiter, nous serons bien heureuses. »

Nous acceptons. La supérieure nous reçoit entourée de ses niños et, avisant mon appareil photographique, me demande de faire le groupe des bambins. Volontiers j'accède à sa demande : ils sont si mignons ces enfants avec leur mine éveillée !... une bande de petits chats câlins, nullement effarouchés.

Sur la façade de la *Casa Consistorial*, édifice neuf, lourd, surchargé d'ornements, sont gravés les vers suivants :

Fundóte Teucro valiente,
De aquesta ria en la orilla,
Para que en España fueses,
De villas la maravilla.

T'a fondée Teucer le vaillant,
Sur le bord de cette baie,

Pour qu'en Espagne tu fusses,
Des villes la merveille.

Elle a grandi, en effet, depuis ces âges, la cité de Teucer, et son histoire fut peu tourmentée. Elle lutta dans la guerre de l'Indépendance contre les troupes françaises ; maintenant elle repose paisiblement couchée dans le creux de son golfe tranquille.

Égarés dans le dédale des voies, nous interrogeons un jeune garçon, qui nous répond en excellent français : « Je vais vous conduire, Messieurs. » Comme nous restons abasourdis d'entendre notre langue dans ce coin reculé de Galice, notre guide nous apprend qu'il a passé quatre ans en Belgique et traversé la France. Lorsqu'il va nous quitter, après nous avoir mis sur le chemin de la gare, nous voulons le récompenser pécuniairement : « Je ne prendrai rien », nous objecte-t-il. Alors nous lui serrons la main pour lui marquer que nous apprécions cette délicatesse si rare chez un enfant du peuple.

« Eh bien ! nous dit M. Ducloux à notre rentrée à Vigo, avez-vous vu la *Belle Hélène ?*

» — Comment, fais-je étonné, la Belle Hélène ?

» — Mais oui, Pontevedra. Pendant votre absence, j'ai recherché les origines de cette cité et voici ce que j'ai trouvé dans la *Chronique exécutée sur les ordres de Charles-Quint par Florian de Ocampo.*

» Cet historien, le plus ancien de l'Espagne, rapporte que Teucer le Troyen, longeant les côtes de Galice, s'arrêta dans la baie du Lerez, y fonda une colonie qu'il appela la Belle Hélène et y vécut jusqu'à la fin de ses jours.

» Cette légende ne doit pas vous étonner. Toutes les villes espagnoles, en effet, font remonter leur fondation aux époques grecque, romaine ou carthaginoise : Barcelone, c'est *Barcino;* Tarragone, *Tarraco;* Murviedo, *Sagunto;* Carthagène, *Carthago nova;* Lugo, *Lucus Augusti;* et tant d'autres encore. »

Que la mémoire de Teucer soit respectée, car il nous a procuré une excursion de laquelle nous rapportons une moisson de souvenirs.

IV

LE MINHO

La frontière de Galice. — Valença. — La vallée du Minho. — Caminha. — Tuy et sa cathédrale. — La gare de Guillarey.

A quatre heures du matin, nous nous tirons péniblement du lit. Le mauvais temps qui nous avait retenus hier s'est dissipé, et escortés d'un matelot nous montons à six heures et demie dans le train de Portugal.

En consultant mon *Guia de los ferrocarriles*, je constate qu'arrivant à huit heures trente-deux à l'embranchement de Guillarey, je dois en repartir à huit heures vingt-cinq. Un compagnon de route m'assure que je n'ai rien à craindre, les convois correspondent; heureusement, car nous quittons Vigo cinq minutes en retard. Délicieux, les horaires et l'exactitude!

Nous allons avec la sage lenteur déjà connue, ainsi que la voie, jusqu'à Redondela.

Après cette station, nous traversons un rio sur un viaduc et débouchons dans une vallée toute pyrénéenne, mais plus verte, plus cultivée et aussi plus réduite.

Au milieu d'éboulis de roches et de croupes plantées de sapins, la voie s'est frayé un passage jusqu'à Porriño. Puis c'est une chaotique désolation de sommets pelés ; l'un, à pic, lézardé, crevassé, semble une molaire énorme sur un râtelier décharné.

Le décor change quand nous nous arrêtons, à Guillarey, dans une contrée fraîche et fleurie, la *Vega del Oro*. Le train nous a en effet attendus, et, notre transbordement opéré, nous repartons.

Quelques minutes après, se dresse le monticule conique aux flancs duquel, sur le bord du *Minho*, Tuy égrène la dégringolade de ses maisons, sur des substructions romaines. Le sommet est couronné par un château-fort à créneaux : la cathédrale, une sorte de tour de Londres, mais où le granit remplace la brique. Autour d'elle, un rempart laisse tomber un pan de muraille grise.

Sur un autre coteau, Valença fait face à Tuy, et la frontière hispano-portugaise passe entre les deux cités que baigne le fleuve.

Nous le franchissons sur un pont de fer et venons nous ranger sous les murs de Valença dont la gare neuve, propre, bien bâtie, contraste avec ses voisines délabrées d'Espagne. Les formalités compliquées de la douane une fois remplies, on nous rend notre liberté.

Nous cherchons d'abord la ville, enfouie derrière les pentes gazonnées de ses fortifications à la Vauban qui semblent la défendre de la vie actuelle.

Nous la découvrons cependant. Une sentinelle monte la garde à pas rapides, coiffée d'un casque prussien, le pantalon blanc rentré dans les bottes. Sous une vieille poterne deux femmes s'engouffrent, le bras arrondi tenant une amphore sur la tête, et c'est une réminiscence des temps bibliques.

La ville aussi nous ramène de millénaires en arrière. Les fenêtres, qui s'entr'ouvrent dans les maisons plaquées de faïence, nous laissent apercevoir des figures anxieuses, avec un reproche muet de venir troubler cette paix très ancienne.

La rua *Direita* étroite, caillouteuse, dallée au milieu, nous amène à l'église, un petit édifice roman; au dessus du portail est gravée la date 1276. L'intérieur, à plafond caissonné, décoré de peintures et d'ornements du dix-huitième siècle, n'offre guère d'autre intérêt que la naïveté; mais il plane un grand recueillement dans le temple désert.

Du haut des remparts nous découvrons tout le bassin du Minho, entouré du cirque des collines riantes de la *Sierra de San Julian* dont les contours adoucis s'estompent de plus en plus flous dans le lointain fuyant.

La plaine, un parterre verdoyant, est semée d'arbres, de blanches habitations, de métairies avec leurs *emparrados*, ces berceaux de treillage.

A nos pieds, le fleuve encaissé roule son flot transparent sur un lit de sable doré, et vis-à-vis de nous Tuy détache sa masse noircie par la patine du temps : c'est un tableau du plus pur romantisme.

Nous suivons le chemin de ronde, la rua de *Boa Vista*, où deux canons délaissés sont braqués sur les hauteurs fauves qui enlacent Valença. Pauvre place forte, qui donc songerait à t'éveiller de ton sommeil séculaire? Qui donc aurait la barbarie de faire tomber tes pierres, faites seulement pour attirer l'attention du curieux ou du songeur?

Praça do *Marqués de Pombal*, nous lisons, sur la façade d'un antique hôtel crénelé, cette inscription : *Sfeal Mefes, 1448*. Au dessous, dans un médaillon, est sculptée grossièrement, en plein granit, une tête d'homme portant la barbiche en pointe : une figure de vieille estampe portugaise. On nous offre de visiter la demeure, mais l'heure presse et nous arrivons juste à temps pour sauter dans notre wagon, qui nous rappelle ceux de France.

Nous longeons les rives du Minho qui coule entre deux berges de terre rouge, bordées de pins; de loin en loin, des villages et des églises sont essaimés au milieu de bouquets d'arbres. Torre, Cerveira, Lanhellas, défilent, petites stations pimpantes. Les coteaux se rapprochent, le fleuve s'élargit, une ligne d'écume blanche au bord de la mer nous signale la barre, et le *Coura* franchi sur un pont métallique, nous atteignons Caminha.

Deux bonnes, dont l'une accorte, les yeux enfoncés, luisant sous la cape noire, aguiche notre matelot, nous conduisent à l'hôtel *Luso Brasileiro*.

La salle à manger est fort engageante avec ses murs crépis à la chaux, sa nappe immaculée fleurant bon et décorée de vases de fleurs.

Hélas ! seules les apparences sont séduisantes, mais quel repas! une mixture de riz, de poisson gâté, avec assaisonnement énergique de poivre et de piment; du merlus enveloppé de jaunes d'œufs et frit dans l'huile rance; du beefsteak à l'ail; du fromage de brebis; du café au goût de tan; le vin blanc aigre nous fait grincer des dents.

Sans l'envier, nous regardons notre voisin, qui engloutit cette épouvantable cuisine avec un appétit superbe. Les coudes collés au corps, l'avant-bras immobile, il fait mouvoir le poignet seul apportant la nourriture à sa bouche avec un mouvement de trompe d'éléphant.

La fille de service a le type mauresque accusé : le teint mat et bronzé, les cheveux crépus, la lèvre forte et rouge, de belles dents qu'elle découvre en parlant; sa taille de souplesse serpentine se moule, sans corset, sous son caraco d'indienne.

La note n'est pas exagérée, mais 1350 reis (7 fr. 50) pour mourir de faim, c'est trop encore. La patrie du Camoëns, plus que celle de Calderon, a besoin de faire des progrès dans l'art culinaire.

Caminha, petite ville de deux mille cinq cents âmes, très proprette, très gaie, garde l'entrée d'une sorte de péninsule formée par la pointe sud de l'embouchure du Minho et le confluent de la rivière Coura descendant de la vallée de Seixas. On trouve encore à Caminha les vestiges de ses trois enceintes, dont la première date des Romains, les deux autres des rois Diniz et dom João IV.

Dans un angle de la praça do *Conselheiro Silva Torrès* plantée d'acacias boule, l'église de la *Misericordia* montre une porte avec pilastres, rinceaux et médaillons de la Renaissance. Les murs blanchis, encadrés d'une bordure de granit, font l'effet d'une lettre de deuil.

L'intérieur lourd, chamarré d'ornements et de dorures, n'est pas la demeure du Dieu des pauvres ; si nous avons la sensation de richesse, nous n'avons pas celle d'humilité.

A côté de la Misericordia, derrière la vitrine d'une minuscule chapelle, un réalisme brutal a maculé de sang la figure du Christ portant sa croix ; la hart au col, les deux larrons lui font escorte.

La tour romaine de l'horloge, surmontée d'une cloche, donne, par sa voûte, accès à la rua *Direita*, d'aspect tout chinois avec ses auvents à coins relevés, et ses maisons basses bariolées de rouge.

Un écusson, orné de sept tours et de la

couronne ducale, nous signale la *Camara municipal*.

Un peu plus loin, l'église paroissiale, placée sous le vocable de l'Assomption, est un curieux spécimen de l'architecture du temps de l'Infant dom Manoel (1511).

L'abside est enguirlandée d'une fine galerie à jour; la tour carrée et trapue se termine par une rangée d'aiguilles; aux quatre angles des gargouilles avancent la gueule de leurs canons de pierre.

On pénètre dans l'édifice par le grand portail et deux portails latéraux, de la plus pure Renaissance.

La proportion du vaisseau est bien prise; la voûte en bois de prix est à bon droit considérée comme une particularité notable; les ciselures, les arabesques de la nef et des chapelles sont d'un goût délicat et discret.

Mais le xviii° siècle est venu à son tour entasser ses surcharges, accumuler ses ors et construire le maître-autel, une sorte de pagode hindoue. On retrouve là ce besoin d'étalage et d'ostentation, ce désir de parade et d'affectation, chers au peuple portugais. Dans la chapelle du Christ, le tabernacle à pivot, où sont figurées les scènes de la Passion, simule une boîte à cigares.

Le petit port protégé par une digue ne reçoit que quelques barques de pêche ou de cabotage. Devant nous, nous considérons l'embouchure du Minho; les élévations des deux rives s'abaissent brusquement et le fleuve se jette dans l'Océan entre deux pointes plates qui semblent se joindre. A gauche, sur la dune, de rares herbes grêles pointent, grillées par le vent du large qui s'enfonce dans une vapeur infinie toute bleue.

Sur la droite, à la base des collines de *San Campio* se dessine, au milieu de pins, le village espagnol de la Guardia; un couvent de jésuites, rigide masse blanche flanquée de tours, se crible d'ouvertures; puis d'autres villages encore sont épars dans ce décor d'opéra-comique.

Un stationnaire portugais est mouillé dans le fleuve, au milieu duquel une ligne est tracée invisible, infranchissable : la frontière qui sépare deux peuples, deux races, deux civilisations.

L'Espagnol drape sa dignité dans un manteau troué; mais s'il est gueux, il a grand air. Le Portugais est la parfaite expression du rastaquouère; pas de pain, pas de chemise, en revanche des bijoux et des diamants à foison; il aurait inventé le juif s'il n'eût existé déjà.

Le Gallego est complaisant, poli, accueillant; son voisin apathique, sans courtoisie, inhospitalier.

Pour acheter des timbres de 100 et 200 reis, nous courons toute la ville, nous frappons à la porte de toutes les administrations, qui nous renvoient comme une balle de l'une à l'autre; nous nous échouons successivement dans un cabaret, chez un marchand de tabac, un épicier, un horloger; enfin un mercier consent à nous expliquer que nous ne trouverons pas ce que nous cherchons, car la vente n'en est pas usuelle.

Nous quittons bientôt Caminha pour rentrer en Espagne. En chemin, monte dans notre compartiment un voyageur, le type du gros fermier des pampas. Le pantalon est emprisonné dans des guêtres de cuir fauve, un étui de revolver passe sous son veston marron à rayures, son feutre gris sale est rabattu sur son visage olivâtre; son air n'est rien moins qu'engageant; heureusement une ombrelle au manche cassé nous rassure sur ses intentions, qui restent pacifiques.

Nous retrouvons à Valença les sordides wagons espagnols où les têtes ont laissé une marque graisseuse.

A Tuy nous descendons et suivons à pied

la route poussiéreuse qui, à travers un tapis de verdure, s'aligne toute droite jusqu'à la cité. Deux gendarmes nous croisent, fusil sur l'épaule, bicorne en tête, sac au dos, leur buffleterie jaune croisée sur l'uniforme bleu foncé. Au petit trot de ses haridelles un coche s'en va cahin caha, guimbarde rustique dont l'avant-train est considérablement moins haut que l'arrière ; et, de ses notes basses, précipitées, un court carillon éveille les échos de la solitude.

Une côte gravie, nous arrivons au *paseo de la Portilla*, terrasse d'où la vue s'étend sur la campagne et des jardins entourés de murs en pierres sèches. Puis la route se prolonge quelque peu, l'unique voie large, la promenade avec le séminaire et des auberges devant lesquelles stationnent des diligences dételées. Tuy nous apparaît ainsi comme un grand village primitif.

Les autres rues, toutes étroites, dallées, tortueuses, dévalent tellement à pic que parfois elles se terminent par des escaliers; les maisons petites ont souvent des cours ombragées d'arbres.

Tuy jadis eut une histoire; elle appartint avec Zamora à la princesse Urraca de Castille. Aujourd'hui, sans commerce ni industrie, peuplée d'agriculteurs, elle n'est plus que le siège d'un évêché. Revenue aux âges très reculés des peuples pasteurs, elle se laisse vivre, mollement engourdie par un doux climat, au milieu d'un site de rêverie.

Calme et silencieuse, la ville nous semble abandonnée. Quelques boutiques cependant montrent qu'on y existe; et nous montons vers la cathédrale : la *Asuncion*.

Bâtie sur l'emplacement d'un camp romain *(Castellum Tude)*, elle se dresse, comme toutes les églises de Galice, sans doute sur le lieu sacré du temple antique, réunissant là deux religions. Eh! qu'importe la forme! N'est-ce pas toujours l'âme humaine qui du même endroit s'élève vers le divin?

Farouche, l'édifice se présente sous le double aspect de forteresse et de basilique. Il rappelle le vieux et puissant castel féodal, et les temps ont passé sans lui prendre ni ses créneaux, ni sa poésie. Toujours vigilant, il garde la contrée, prêt à lancer flèches et dards sur les envahisseurs infidèles.

Œuvre du maître Raymondo, d'après M. Manuel Murguia, l'église date de l'An Mil, mais fut restaurée au xvie siècle; très marquée d'ailleurs, très distincte, se retrouve la trace des deux styles. Le portail principal est abrité

par un porche ogival de la dernière période.
Nullement fleuri, on le croirait du commencement du xve siècle, si certains détails n'affirmaient son époque. Dans des niches ciselées, on trouve les statues des prophètes, de Moïse avec les Tables de la Loi, de saint Jean-Baptiste portant l'*Agnus Dei*.

Sur la façade nord, une tour massive est percée de verrières gothiques ; une autre, romane, s'accole à elle, surmontée de campaniles en fer forgé, si légers qu'on dirait les cloches presque suspendues dans le vide ; à côté, un portique en plein cintre donne accès dans le transept.

Devant cette façade, un parvis s'étend, entouré d'un mur d'appui, et sur un banc de pierre nous nous asseyons un instant. L'office du soir sonne, des femmes arrivent, glissant lentement, sans bruit, tout de noir habillées, la tête couverte de la mantille, et voici revenir les âges d'antan. Tout à coup, une pétarade éclate ; une attaque de Sarrasins peut-être ? Ce sont, hélas ! de simples fusées qui, comme nos illusions, s'évanouissent en fumée. Une bande piaillante de gamins nous envahit ; nous entrons alors dans l'église.

L'abside rudimentaire semble un édifice provisoire, mais les transepts appartiennent sans mélange au roman. Pourquoi donc ces voûtes ont-elles été regrattées? La patine des ans n'était-elle point respectable? L'homme est ainsi fait; dans sa vanité, il faut qu'il marque son passage, fût-ce au prix d'une sottise.

Tout autour de la nef gothique s'ouvrent, avec des retables, des chapelles du xviie siècle. Celle de la Vierge de la Douleur laisse deviner dans l'ombre la statue sinistre vêtue de deuil, et la discrète lumière d'une veilleuse nous semble un clou doré écartant un voile de crêpe.

Le chœur grillé, où des stalles en bois sculpté racontent la vie de san Elmo, tient le milieu de la basilique, suivant la disposition espagnole qui rompt fâcheusement la perspective. Sur le lutrin, un énorme missel en parchemin, du xve siècle, étale ses pages enluminées et ses caractères tracés à la main; la reliure est de cuir aux coins de bronze.

Le maître-autel, rococo, vilain, est chargé d'ornements dorés; d'autres autels encore, d'aussi mauvais goût, sont répandus à profusion. San Elmo, patron très révéré en Galice, possède une annexe qui présente deux corps: l'un Renaissance, l'autre gréco-romain.

Dans la sacristie, le bedeau, une sorte de

paillasse en robe noire à collerette blanche tuyautée, nous montre des sculptures portugaises du xviii° siècle, scènes de l'Ancien et du Nouveau Testament. Il y a une étonnante vérité dans l'expression des figures et l'attitude très mouvementée des personnages.

Mais le chef-d'œuvre de la cathédrale est le cloître (xiv° siècle). Large, proportionné, sans restauration, il unit la robustesse du roman à la grâce ogivale; de sveltes colonnettes séparent les arcs accouplés, et les voûtes entrecroisent l'enchevêtrement de leurs nervures. Au centre, un jardin intérieur essaie d'en égayer l'austérité, et, tombant du ciel d'azur, des rayons de soleil viennent se jouer dans les branches d'arbustes fleuris que légèrement agite la brise.

Des chiffres sont gravés sur les dalles, tombes des artisans de l'édifice ou de moines, je ne sais; mais de ces grands travailleurs ignorés est-ce donc tout ce qui subsiste, un numéro sur une pierre glacée? Non, car leur souvenir reste, leur esprit domine l'œuvre, et la gloire ne périt pas.

Devant l'ancien couvent de *Santo Domingo*, converti en caserne, des soldats font l'exercice sur l'Alameda. Enfants imberbes, chair à canon préparée pour Cuba, ils se sont sacrifiés pour racheter le sang des plus fortunés. Automatiquement, comptant à haute voix, *uno*, *dos*, ils marchent sans enthousiasme, sans regret aussi peut-être. Et ce spectacle nous navre de les voir si jeunes destinés à la boucherie.

Très vaste, le panorama se développe, et j'en veux prendre une photographie; mon appareil est déjà disposé, quand, sur l'ordre de son capitaine, un caporal s'approche et me demande si j'ai l'autorisation du gouverneur. Il a supposé que le matelot, avec son uniforme du *Béniguet*, était un marin de la flotte française, mon ami un ingénieur et moi un officier en train de lever des plans. C'est vrai, je l'oubliais, nous sommes dans une place de guerre. Je frémis à l'idée de ce qui se passerait si nous étions en Allemagne; mais ici j'en suis quitte pour montrer l'image sur le verre dépoli. Le caporal est convaincu que nous sommes de simples excursionnistes et me laisse opérer en paix.

Tuy et Valença se regardent, pauvres forteresses d'un autre temps, et c'est lui que j'évoque devant ces vieilles murailles, devant ce fleuve du Minho dont la nappe va se perdre au milieu de la plaine herbeuse et boisée. L'ombre gagne de plus en plus, montant de la vallée vers les sommets ; et voilà qu'à mes oreilles, dans ce grand repos de la nature, retentissent les chants des troubadours, tandis qu'au ciel les étoiles s'allument et qu'au dessus de ma tête des nuages fuient emportés par la brise, comme ma pensée par la fantaisie.

Nous entrons pour dîner dans la première *fonda* venue : un habitant, interrogé, nous ayant répondu qu'elles se valaient toutes. Résolus à ne point renouveler, aux dépens de nos estomacs, l'expérience culinaire de ce matin, J. R... commande du chocolat, moi du lait et des œufs crus. Mais ce diable de mot ne me revient pas à la mémoire ; je feuillette en hâte mon dictionnaire : cr, cre, cro, cru, *terruño*. La maîtresse d'hôtel s'esclaffe, elle appelle sa fille, sa bonne, toutes se regardent ébahies et se tordent dans un inextinguible fou rire. Pourquoi cette hilarité ? J'ai bien lu cependant. Je cherche de nouveau et je m'aperçois qu'il faut dire *crudo* ; dans ma précipitation, j'avais demandé des œufs du cru, du terroir.

Nous nous mettons à table et on apporte à notre matelot un repas valant le déjeuner : l'inévitable merlus, de la viande à l'oignon, et pour dessert, de la crème avec des cheveux d'ange (fibres étirées et confites d'une citrouille d'espèce particulière). Quant à nous, on nous a enlevé nos couverts ; J. R..., mourant de faim, proteste énergiquement. Enfin, le lait, les œufs, le chocolat, paraissent ; il règne bien un peu de confusion, la vieille qui nous sert maugrée entre ses dents, mais tout s'arrange.

En attendant l'heure où le coche doit nous mener à la station de Guillarey, nous errons dans la ville plus déserte encore, plus silencieuse, plus morte. La flamme vacillante des lampes à pétrole suffit à peine à nous conduire, nous trébuchons dans les trous creusés par des dalles absentes. La cathédrale silhouette sa masse imposante, grandie encore par l'obscurité ; les rues, qui descendent rapides, se perdent dans les ténèbres et elles nous semblent s'enfoncer dans les profondeurs d'un passé que nous n'osons interroger, saisis d'une crainte irraisonnée et mystérieuse.

Un feu d'artifice crépite, très insolite ; mais comme il est typique cet amour du bruit, de l'éclat éphémère, de la poudre aux yeux.

Dans la grande rue, des groupes égarés de promeneurs, quelques boutiques, entre autres une *confiteria* à la porte de laquelle des officiers causent avec des *niñas*, donnent à ce coin un semblant animation.

A dix heures le courrier nous cahote, somnolents dans la nuit tiède, jusqu'à Guillarey. Oh! cette gare! je n'ai jamais rien vu d'aussi lamentable. Une salle unique la compose, avec une porte de grange aux vitres brisées; des lambeaux d'affiches pendent le long des murs, autour desquels sont disposés des bancs boueux. Un prêtre les balaie de sa soutane et s'assied à côté d'une femme qui dort étendue de tout son long. Des hommes vont et viennent, un gourdin sous le bras, leurs figures rudes demi-cachées par le bord du chapeau sous lequel les yeux brillent. Un quinquet fumeux éclaire vaguement cette scène d'un drame de 1830, et nous respirons une suffocante odeur de rance et de sueur.

Après quelques minutes d'attente, le train arrive, par bonheur un express de grande ligne qui nous ramène à Vigo, où à une heure du matin nous regagnons le bord et nos cabines, les paupières lourdes de sommeil, les jambes engourdies de fatigue.

Mais nous avons eu la jouissance de retrouver la cathédrale-forteresse de l'Église militante du moyen âge, et de parcourir un pays qui, inconnu du touriste, ignorant notre siècle de fièvre, a gardé la fraîcheur première de sa simplicité.

V

CARRIL

De Vigo à Carril. — L'escadre allemande. — La ria d'Arosa. — Les pêcheurs. — Carril et Villagarcia. — Le rio Ulla.

Lundi 22 juillet 1895.

A huit heures, une petite brise d'ouest se lève ; le temps est radieux, et nous appareillons pour Carril. Lentement, bien lentement, nous nous mettons en marche ; comme nous, le *Béniguet* s'en va à regret.

Un coup de notre canon répercute ses échos, échos également de nos pensées, pénétrant loin dans cette terre qui nous a séduits.

Notre allure s'accentue et je retrouve le murmure berceur de l'eau compagnon inséparable des traversées.

Vigo s'éloigne, ses maisons blanches étincelant au soleil, sous le ciel bleu. Ces pierres, pour nous indifférentes il y a huit jours, s'animent, toutes pleines de souvenirs, et je sens que les fils invisibles et très ténus qui nous rattachent le plus à la vie sont les fibres de notre cœur.

De peur, sans doute, que nous ne mourions de la *morriña*, le mal du pays, dans une barque qui passe, un cornemuseux nous joue un air de biniou.

Le vent debout nous oblige à tirer des bords et nous admirons une fois encore la baie enchanteresse qui semble vouloir nous retenir.

Mais tout là-bas, du côté des îles Ciés, des bâtiments paraissent, les cuirassés allemands dont l'arrivée était signalée. Qu'elle me paraît noire la fumée vomie par les cheminées teutonnes ! Pourquoi donc me rappeler l'inimitié quand, doucement émotionné, je songeais au chaud accueil d'une nation amie ?

A une allure modérée, ils passent bientôt tout près de nous, les quatre navires, beaux, massifs et majestueux, gardés par la mouche d'escadre qui, plus fine, voltige sur leurs flancs. La politesse l'exige, trois fois nos couleurs s'abaissent et correctement le salut nous est rendu; mais pour marquer la différence entre notre devoir et nos sympathies le pavillon espagnol flotte en tête du grand mât.

A midi un quart, nous doublons le cap del Home qui avance dans la mer couleur olive les déchirures de ses rocs calcinés. En face, au sommet d'une aiguille de granit des îles Ciés, le phare est perché, semblable à une mouche posée sur un pain de sucre.

Le vent est faible, et mal appuyés, nous roulons, ballottés par une grosse houle, résultat des mauvais jours derniers. La baie de Pontevedra, un instant ouverte, se referme, cachée par l'interminable ile d'Ons qui arrondit son dos pelé.

Devant nous, à tribord, la péninsule del Grove lance la pointe basse de San Vicente avec ses rochers dorés comme des pains mollets; à babord, l'île Salvora pousse des bosses nues, telles des loupes énormes : c'est l'entrée de la baie d'Arosa.

Cinq heures et demie, nous voyons nettement les écueils dangereux, semés en avant du cap Corrubedo; à l'horizon, un nuage très léger esquisse la côte de Finisterre.

Laissant porter sur l'îlot Rua, nous pénétrons dans la baie où l'île d'Arosa montre sa difforme structure; les ondulations de la houle s'abaissent et, le dragon hissé, notre vitesse s'accélère.

Le monte del Castro dresse son pic aigu, et, se chevauchant, d'autres pitons se succèdent. Dans le fond, un massif d'élévations d'un gris bleuté s'embrume déjà. Salvora, Vionta, toute une ligne de récifs aux fantasques découpures se multiplient, barrière infranchissable, dans le nord-ouest.

La *ria* est peuplée, comme un boulevard, d'une phénoménale multitude d'embarcations pêchant la sardine; jamais je n'avais vu ni imaginé pareille fourmilière de bateaux. Il faut à chaque instant nous déranger de la route pour éviter un abordage ou une avarie aux filets. Un patron nous lance du poisson à bord et nous envoie en riant un « *buenos tardes, señores* ». La vie et la gaîté débordent, dans ce golfe imposant par son ampleur.

A sept heures et demie, nous atteignons l'îlot Rua, entassement titanique de cailloux polis comme un crâne chauve; sur cette désolation morne, un phare a été construit.

La brise nous abandonne après avoir doublé la pointe del Caballo (île d'Arosa) où se trouve un feu de direction. Le soleil couché, un léger souffle nous vient de terre, nous glissons sans secousses sur l'eau tranquille.

Les montagnes se devinent noires dans la nuit constellée, et des apparitions de barques fantômes laissent après elles un sillage argenté.

Nous piquons droit sur Carril dont les lumières clairsemées scintillent à côté de celles de Villagarcia. Il nous faut les jumelles pour distinguer la lanterne rouge du môle. Éclairage défectueux, balisage nul; aussi, prudemment, nous préférons attendre le matin pour mieux reconnaître notre position et continuer la route. Il est dix heures quand l'ancre tombe et la chaîne file ronflante.

Mardi 23 juillet.

Le jour nous permet de voir que nous sommes mouillés à la pointe de Sinés, à trois milles environ du port. A droite, la côte basse, verdoyante, est bordée d'une plage de sable doré; la vue est bornée au loin par des ondulations bleues; plus rapproché, un piton bourgeonne. A gauche, une ligne de cimes entoure l'anse de Rianjo. Derrière nous, le village de Puebla semble flotter au dessus de l'eau; devant nous, l'île de Cortegada masque l'embouchure du rio *Ulla*.

Deux pics appliqués l'un sur l'autre sont

découpés sur le même modèle, le second dominant légèrement le premier; à leurs pieds, Carril et Villagarcia sont noyés dans une bande de vapeur blanche.

Avec moins d'îles, moins de courants, mais en revanche des montagnes et la magie de la lumière, ce fond de baie complètement clos peut être comparé au Morbihan. Quel admirable parti pourrait tirer de ces rades un peuple moins négligent.

Bien que les flots soient à peine ridés de frissons, nous dérapons l'ancre à six heures et à force de nous traîner nous arrivons enfin à dix devant Carril, un groupe de masures noires, perdues dans un cadre immense, au pied d'un monticule rocailleux. Entre cette bourgade et Villagarcia, amas de maisons neuves, un boqueteau est planté derrière une plage en demi-cercle.

Le panorama est beau, saisissant mais plus sévère que celui de Vigo, et l'on n'a pas le désir de vouloir vivre là.

Grâce à M. Ricardo Caamaño, courtier maritime, parlant français, et qui avait pris le *Béniguet* pour un homardier, nous remplissons aisément à la douane les formalités de la santé ; ma patente, déjà couverte de visas nombreux, se chamarre de plus en plus.

Une église sans intérêt, des maisons en ruine, des ruelles hérissées de pierres pointues, et dont l'une porte le nom fallacieux de calle del *Progreso*, composent Carril, ville dont la vie s'en va vers une rivale qui grandit, Villagarcia.

Le progrès nous croise sous la forme d'une bicyclette, d'un char à bœufs moins mérovingien que les autres et qui ne grince pas.

La route, suivant le bord de la baie, est bien entretenue, dallée de chaque côté pour l'écoulement des eaux, et des bancs de pierre sont échelonnés sous la voûte ombreuse des peupliers et des eucalyptus. Nous y rencontrons des hommes avec des petits porcs, et des femmes portant sur la tête des légumes et des fleurs... en papier! Une belle propriété à la grille peinte, aux murs en bon état, nous étonne par son entretien.

Nous arrivons à Villagarcia, station balnéaire quelconque en train de se développer, à en juger par les maisons d'une remarquable banalité qui s'y construisent. Il y existe un jardin sans arbres (*plaza Mayor*), un établissement de bains (*la concha de Arosa*) d'apparence propre, et une maison carrée où en grosses lettres se lit : *Fotografia*.

L'administration des postes et télégraphes,

les consulats, la capitainerie du port sont à Villagarcia qui est la ville par le nombre de ses habitations et par leur aspect, tandis que Carril, la cité primitive, n'est plus que le le bureau principal des douanes, le havre de Santiago et de l'intérieur.

Après avoir, sur un pont, traversé un rio presque à sec, nous montons vers une antique construction massive que la route sépare en deux, et que réunit un arceau. Elle est flanquée de tours crénelées, des vignes vierges s'accrochent gaîment aux murailles faites de larges pierres taillées et ornées d'écussons avec chapeaux d'évêques. Ce manoir entouré de jardins est le *Castro*, jadis évêché, actuellement propriété particulière.

Dans les rues de Villagarcia, nous remarquons des messieurs en chapeaux de paille, en veston de flanelle claire, des dames avec des canotiers et l'habituel costume des plages.

Au retour, nous nous informons à la gare de Carril des heures de départ pour Santiago; précaution utile, chaque *pueblo* ayant la sienne. Ordinairement l'horloge de Madrid règle la marche des trains; mais ici, c'est celle de Saint-Jacques, tête de ligne d'un chemin de fer local : la simplicité n'est pas décidément dans la nature de l'homme.

A trois heures, le canot est armé et, vent arrière, nous remontons l'Ulla. Après un large estuaire, le rio se rétrécit, creusant son lit entre deux rangées de hauteurs et disparaissant derrière des pointes rocheuses qui semblent barrer son cours plein de pittoresque imprévu.

Un vallon boisé dégringole en pente rapide; d'une broussaille de verdure surgit une vieille tour en ruines avec une retombée de lierre et de plantes grimpantes. Un peu plus loin, le village de Bamio jeté sur une crosse essaime dans un décor ses maisons grises aux tuiles brunes et son église au clocher ajouré.

Dans le fond, un massif élevé se détache vigoureusement; les sommets éclairés laissent dans l'ombre les premiers contreforts plantés de ténébreux sapins au milieu desquels, comme des taches fauves, apparaissent les espaces dégarnis de bois.

De l'eau émergent des moraines millénaires, descendues de la montagne; sur l'une d'elles est perchée une mouette gracieuse.

Nous mettons pied à terre devant une briqueterie. De l'autre côté de la rivière, un hameau, campé hardiment au dessus d'un ravin sauvage, est dominé de hauteurs dénudées couleur de suie, comme ravagées par un incendie; sur leurs flancs, le vent étend quelque fumée bleue, indice de vie. Emportée par le courant, une barque monte, sa voile blanche gonflée. Le spectacle est extraordinairement imposant sous un ciel tourmenté où roulent d'énormes cumulus noirs.

Le soir, le temps se dégage; seules quelques nues couronnent encore les cimes de neigeuses blancheurs; d'autres lambeaux de vapeurs flottent épars, orange, lilas et violet.

Comme au théâtre lorsque la rampe s'éteint, la nuit efface le tableau. Quelques points lumineux disséminés indiquent les deux villes; un silence absolu, une paix immense nous enveloppent, et nous nous sentons perdus délicieusement, très loin du monde connu.

VI

SANTIAGO DE COMPOSTELA

En wagon. — Arrivée à Santiago. — Impression première. — La procession burlesque. — La fonda Suiza. — La cathédrale. — Santa Maria la Real de Sar. — L'Hospital Real. — Trois personnages de marque. — Fête de nuit. — Messe pontificale. — Dans la rue. — San Francisco. — Santo Domingo. — Panorama. — La capilla de las Animas. — Un enterrement. — San Martin. — La Basilique. — La diligence de la Corogne.

Heureux les pauvres d'esprit, car le royaume des cieux leur appartient!

Mercredi 24 — Jeudi 25 juillet 1895.

De bonne heure, nous quittons le bord, et arrivons, une demi-heure avant le départ du train, au baraquement en planches, pompeusement décoré du nom de gare. Nous avons

été bien inspirés de prendre nos longueurs ;
à l'occasion des fêtes de l'Apôtre, la station
grouille d'encombrement. Je me mets à la
suite de la file qui se presse au *despacho dos
billetes*, et suis aussitôt assailli par une horde
de loqueteux sordides et dépenaillés, geignant,
sur un ton pleurard, une sorte de complainte,
pour demander la charité. La précipitation est
fille du diable et nous sommes en pays très
chrétien ; aussi, je fais une longue pause
avant d'obtenir nos billets. Enfin, à moitié
étouffés, nous finissons par nous installer
dans notre wagon ; il est plus propre que
nous n'avions osé l'espérer, presque luxueux.

En même temps que nous, monte une
famille simiesque, composée de la mère, de
deux filles, dont l'une, jolie, contraste avec ses
parents, sa sœur et ses deux frères. L'aîné
est un type bien accompli : cheveux couleur
plumage de corbeau, yeux noirs, teint olive ;
sur sa chemise rose, s'étale une cravate verte.
Le second fils, un gamin d'une douzaine
d'années, lit avec volubilité le journal aux
autres membres qui écoutent religieusement.

Sur le quai, règne une turbulence extrême
de femmes chargeant du poisson qu'elles
apportent dans des mannettes placées sur
leur tête. Les cris et les disputes ne tarissent

pas; les épithètes, les injures crépitent comme un feu nourri et les *r* roulent plus sonores que jamais.

Après les multiples coups de cloche et de sifflets du chef de gare et de la machine, sans lesquels un train espagnol ne peut s'ébranler, nous partons avec seulement dix minutes de retard.

Par une échappée, j'entrevois une fois encore la baie de Carril où le *Béniguet* détache sa fine silhouette et, après un dernier adieu, je me prépare au pèlerinage à travers l'histoire des siècles.

Le temps, brumeux ce matin, commence à se dégager; les flocons de vapeur blanche se fondent découvrant les sommets, le soleil perce et la journée s'annonce radieuse.

Nous suivons le rio Ulla, dont la marée basse laisse le lit presque à sec. A Catoïra, se dressent sur le bord de l'eau, semblables à deux vigies, les restes de deux tours, vestiges millénaires de l'époque romaine dont le souvenir emplit ces contrées. Et nous remontons loin déjà dans les âges, à la vue de ces débris glorieux, défiant le temps encore avec leurs pierres aux tons dorés.

L'Ulla, maintenant mince ruban, poursuit son cours dans son couloir de hauteurs et, avec lui, nous entrons au sein de ce pays, de beauté plus attirante que ceux déjà parcourus. Dans le fond montent des pics grisés par un voile léger.

A Puente Cesures (*Pons Cæsaris*), situé dans un vallon délicieux, nous entrevoyons quantité de chars à bœufs sur la route; aux arbres de petits ânes sont attachés et une foule bariolée s'agite au soleil clair : un marché sans doute.

Avant Padron, nous traversons l'Ulla, puis nous nous enfonçons dans la montagne dont les bosses pelées paraissent au dessus de croupes plantées de sapins. Nous atteignons ainsi Esclavitud après avoir franchi en une heure la colossale distance de vingt-cinq kilomètres.

De plus en plus, nous nous élevons, tantôt encaissés entre des tranchées creusées à coups de mine dans la roche, tantôt dominant la plaine verdoyante; au dessous de nous, s'aplatissent des villages juchés sur des éminences.

Osebe, Casal dépassés, dans une échancrure de la montagne s'enlèvent subitement, sur l'azur profond d'un ciel lumineux, les clochetons fantaisistes de la cathédrale de Santiago de Compostela (*Campus Stellæ*). Que notre bonne étoile nous guide!

La Ville sainte se montre maintenant elle-même et chaque lacet du chemin de fer nous en rapproche davantage, très lentement pour nous permettre de préparer notre âme avant d'y entrer.

Nous débarquons avec quarante minutes de retard au milieu d'une épouvantable cohue tapageuse et mal odorante.

A la sortie de la gare, les voyageurs s'entassent pêle-mêle dans des coches qui conduisent au centre de la ville, distant d'un kilomètre environ ; ils ne partent que bondés à en craquer. Les conducteurs crient, hurlent, sacrent, vocifèrent des *anda !* gutturaux, fouaillent les chevaux, qui, à plein galop, enfilent la route montante et poussiéreuse, sans se soucier des piétons forcés de se garer précipitamment. Les voitures rudement cahotées à cette allure sur un sol inégal, exécutent des bonds désordonnés ; il est étonnant qu'elles ne versent pas. Nous nous félicitons d'avoir choisi nos jambes comme moyen de locomotion ; il est moins rapide que les guimbardes, mais infiniment plus sûr.

Le chemin nous est un instant barré par une chaîne d'employés d'octroi ; mon appareil de photographie ne leur paraissant pas plus suspect que nos personnes, ils nous ouvrent leurs rangs.

Pieds nus, la tête couverte de mouchoirs clairs, passe en se déhanchant une bande de jeunes filles, aux grands yeux brillants; elles chantent d'une voix rude et nasillarde un air très cadencé.

Sur la voie, s'échelonne une longue théorie de mendiants. L'un d'eux étale ses infirmités, couché dans un lit roulant; un autre, aveugle, est conduit par un *muchacho*; un troisième clopine sur une jambe de bois; tous geignent, se lamentent, nous poursuivent, et nous avons toutes les peines du monde à leur échapper: tel Gringoire, entouré de truands dans la Cour des Miracles.

En haut de la côte, nous arrivons à l'Alameda et nous faisons indiquer l'hôtel Suisse, voulant, tout d'abord, nous assurer un gîte. Pour nous y rendre, nous suivons la calle *del Villar* et pénétrons au cœur même de Santiago. Aussitôt nous sommes reportés à l'époque de l'Espagne des Romanceros, de don Quichotte et de Gil Blas.

Les rues à arcades en plein cintre, aux maisons de granit décorées d'écussons armoriés, s'entrecroisent, s'enchevêtrent étroites et sombres, pavées de larges dalles entre lesquelles s'ouvrent des fentes, les égouts.

Entraînés, malgré nous, par la curiosité,

nous prenons le chemin des écoliers pour gagner la *fonda*. Elle est comble, et on nous loge dans une annexe, ca'le de *Gelmirez*.

La porte s'ouvre avec un loqueteau tiré d'en haut par une cordelette en sparterie, et nous gravissons péniblement un escalier raide comme une échelle. Une odeur d'huile rance nous prend à la gorge, se mêlant à une fétide odeur de latrines.

Nous parvenons à notre chambre située au dernier étage. La pièce nue, heureusement blanchie à la chaux (cela nous empêchera d'être mangés par de vilains petits animaux), se compose d'un mobilier rudimentaire et disloqué: trois lits avec des jetés sales, des couvertures maculées, des oreillers plats, recouverts d'un madras; des toilettes où le vernis n'est plus même un souvenir, une table avec un tapis taché d'encre comme le plancher, dont la déclivité nous rappelle le pont du *Béniguet* par forte gîte; enfin une chaise. L'ami J. R... craint que nous ne soyons forcés de coucher tout habillés; je fais la grimace, c'est un maigre repos, après les fatigues que nous endurons.

Cependant, la bonne arrive avec le linge; nous le flairons, l'examinons; il sent bon et n'a jamais servi; je me rassure. Petit à petit, nous obtenons, en insistant, de l'eau, une carafe, un verre et deux chaises qui sont époussetées, luxe suprême.

Nos deux fenêtres, dont une seule garnie de rideaux, donnent sur un carrefour. En face de nous, une terrasse se découvre très solitaire, très triste, avec quelques hortensias bleus et un magnolia en pleine terre; à gauche, les tours de la cathédrale surgissent au dessus des toits, et la calle de Gelmirez dégringole avec sa perspective de *miradores* qui s'étagent.

Tandis que nous attendons l'heure du déjeuner, midi sonne et subitement un bruit de pétards, une volée de cloches éclatent, assourdissants : c'est l'annonce de l'ouverture des fêtes. La foule se précipite et se masse sur la *plaza dos Literarios*; nous n'avons que quelques pas à faire et suivons le courant.

Du porche de la cathédrale, sort une procession grotesque de mannequins géants dont deux nègres. Ces caricatures hideuses avec leurs corps flasques, leurs énormes têtes en carton à l'immuable expression grimaçante, se déambulent, se secouent, dansent pour le plus grand divertissement de ce peuple qui se passerait de pain plutôt que de plaisir. De plus belle, les bombes crépitent, les cloches sonnent, des montgolfières en baudruche, simulant des animaux fantastiques, s'enlèvent, saluées par des quolibets, des rires et des applaudissements.

Nous sommes en pleine fête du moyen âge où le grotesque se mêlait au sacré, les réjouissances aux prières; rien n'est changé, depuis des ans, il en va ainsi. Et voilà que près de nous un pèlerin passe à travers les groupes, le pèlerin d'antan qui partout avait sa place à la table et au foyer, car il était l'hôte envoyé par Dieu. Il porte le grand chapeau, la robe noire, la pèlerine blanche sur laquelle sont découpés en laine rouge un poignard formant la croix et des coquilles, les armes de saint Jacques; à la main il tient le bourdon; dans le dos pend la besace.

Précédé d'un biniou et d'un tambourin, le cortège des mannequins défile et disparaît dans une rue; le prélude des fêtes est terminé.

Rentrés à l'hôtel, nous prenons place dans la salle à manger d'aspect négligé et minable; les tentures sont défraîchies, les murs, les plafonds, les suspensions sont constellés de piqûres de mouches. Sur la nappe tachée, des assiettes de gâteaux secs sont recouvertes de cloches en toile métallique, pour les préserver des atteintes des insectes.

Les garçons, en veston râpé, ont l'air de

nous faire une grâce en apportant les plats avec une lenteur désespérante. Une *tortilla* (omelette) est mangeable, mais nous ne pouvons goûter au lapin sauté avec assaisonnement d'ail et d'oignon, à la morue aux tomates, aux haricots à la graisse rance. Heureusement, nous pouvons nous procurer du jambon qui formera, avec des œufs, la base de notre alimentation, grâce à l'obligeance du fils du patron. Ce jeune homme de seize ans, récemment arrivé de Suisse, est la cheville ouvrière de l'établissement. Intelligent, actif, il a l'œil à tout, houspille les uns, pousse les autres, distribue ses ordres; dès cinq heures du matin il est debout, nous dit-il, pour réveiller son personnel qui, sans cela, ne se lèverait pas.

Le café, situé en contre-bas, est à l'avenant du reste de la maison : des tables au marbre cassé, des banquettes crasseuses, des glaces où le tain s'en va par plaques et dont les cadres sont dédorés. On respire une odeur fade de lavure de vaisselle jointe à l'âcre fumée du tabac. Tel est le premier hôtel d'une ville de vingt-cinq mille habitants.

Nous nous échappons au plus tôt pour nous livrer à l'étude de Santiago.

Notre première visite est pour la cathédrale. De toute sa hauteur majestueuse, elle se dresse au centre même de la ville pour proclamer qu'elle lui a donné la vie, qu'elle en est l'âme, et la vieille cité semble prosternée à ses pieds comme un peuple en prières. L'œil s'égare au milieu de la confusion des tours, des clochers et des ciselures de la pierre; l'esprit se trouble à l'aspect de cette basilique vaste comme un monde, imposante comme une croyance. Son âge? Elle n'en a pas! Son style? Elle les réunit tous! Elle est le résumé de l'accumulation des siècles; chacun d'eux y a apporté une pierre nouvelle; et cette prodigieuse fantaisie est une cependant dans son ensemble, une comme la religion elle-même, dont elle est la splendide et sublime expression.

Nous commençons par suivre l'extérieur du monument. Tout d'abord, c'est la *torre del Reloj* (tour de l'horloge), haute de quatre-vingts mètres, et dont la cloche s'entend à douze kilomètres; elle porte la date 1680. Puis, nous trouvons la merveilleuse façade romane de *las Platerias*, la seule partie existante de la basilique primitive; la console en forme de coquille qui la soutient à gauche est un pur chef-d'œuvre.

Autour du *Cabildo* (salle du Chapitre),

court une galerie, riche découpure de la Renaissance.

Nous descendons les marches du parvis et, par la rue étroite qui longe le cloître, au dessus duquel se lève la tour pyramidale, la *Berenguela*, nous parvenons à la place *Alfonso XII* qui donne une profonde sensation d'art, entourée des *Casas Consistoriales*, de l'*Hospital Real* et de la façade principale de la cathédrale. Cette façade est appelée *Obradoiro*, sans doute tant elle est ouvragée, tant se multiplient à profusion les statues, les ornements et les fleurons qui grimpent depuis le bas jusqu'au sommet des tours (1738) se terminant en coupoles, à soixante-sept mètres de hauteur.

Ce travail, d'une richesse presque exagérée, est, hélas! aujourd'hui à moitié masqué par d'horribles échafaudages mauresques portant les pièces d'artifice qui ce soir doivent embraser le monument. Ainsi, des générations d'artistes admirables, dont nous ne savons plus même les noms, se sont succédé, usant leur vie à fouiller le granit, pour que des barbares ignorants viennent brutalement, en une minute, cacher l'œuvre plusieurs fois centenaire.

Dans un coin de la place, se repose un groupe de pèlerins étendus sur des bottes de paille.

Combien de jours ont-ils marché, combien de nuits? D'où viennent-ils? De très loin, car leur figure est émaciée, leurs chaussures éculées, leurs vêtements frangés, sur lesquels la pèlerine s'étale, couverte de coquilles. Mais que leur importent les jeûnes et les fatigues, ils ont atteint le but, et leurs yeux, brillant de l'éclat particulier des illuminés, sont fixés sur le temple où tremblants, ils iront tout à l'heure s'agenouiller devant l'autel de l'Apôtre.

De tous les côtés, nous trouvons de ces grands voyageurs devant l'Éternel; en attendant l'heure de l'office, ils se promènent ou achètent des objets de piété.

Nous voilà revenus aux siècles de la Foi dont la statue se détache au dessus de la porte du Nord, un bandeau sur les yeux, d'une main serrant la croix, de l'autre tenant le ciboire d'où sort une hostie.

Par la *Via Sacra,* nous revenons à la plaza dos Literarios. Elle est vide et déserte à cette heure, d'aspect sévère avec ses arbres maigres, cette place dallée comme un cloître, encaissée comme un préau sur lequel, dans les hautes murailles, s'ouvrent discrètement les fenêtres grillées du couvent de *San Payo.*

Derrière la grille cadenassée, la *Puerta Santa* de la cathédrale reste murée, impénétrable comme un mystère. Elle ne s'ouvre que l'*Año Santo*, l'année où la fête de l'Apôtre tombe un dimanche. Quiconque la franchit alors gagne les mêmes indulgences qu'à Saint-Pierre de Rome; ainsi le veut le notable privilège concédé en 1122 par le pape Calixte II.

Le 21 décembre précédant l'An Saint, l'archevêque, entouré de son chapitre, se présente devant la *Janua Cœli* et solennellement brise la barrière. Alors pour ramasser un morceau de la chaux qui fermait l'entrée, nombreux se pressent les fidèles : « Aussi, écrit un historien, recueillent-t-ils, en même temps que des grâces, quantité de horions. »

Nous entrons dans la basilique par la *Quintana*. Si l'extérieur stupéfie, l'intérieur confond. Quelle puissance a donc exécuté cette croix latine, aligné ces six nefs où l'on se perd, dressé ces massifs piliers romans supportant les voûtes imposantes ? Est-ce l'esprit humain, qui à leur seule vue se sent écrasé ? Il a fallu que le souffle divin passât, allumant l'étincelle du génie dans l'âme des édificateurs, pour qu'ils aient eu la force de se hausser à la conception d'une œuvre aussi gigantesque, le courage de l'entreprendre et de l'achever.

Le sol était inégal, le granit pénible à tailler;

qu'importait? Le temple s'accrocherait plus solide aux aspérités de la montagne, la pierre plus dure le rendrait indestructible, et à l'endroit même où Jésus avait voulu que reposât son disciple, les fidèles afflueraient aussi nombreux que les étoiles du ciel, que le sable de la mer.

Comme dans toutes les églises espagnoles, le chœur est séparé par un passage de la *Capilla Mayor*. Close par une grille elle contient le maître-autel en marbre, incrusté d'argent. Santiago le domine assis sur son trône; ses épaules sont recouvertes de la pèlerine constellée de pierres précieuses; dans sa main il tient le bourdon du pèlerin, et des statues de rois sont agenouillées autour de lui. Au dessus de sa tête, un dais caissonné est entouré d'anges portant des bannières, et quatre d'entre eux, assis sur les chapiteaux des colonnes, soutiennent le cercueil du saint. Sur le haut, brille une étoile d'or, consécration du martyre et de la gloire.

La crypte où repose l'Apôtre, avec à ses côtés saint Théodore et saint Athanase, s'étend, très petite, sous la chapelle. Nous y descendons; quelques cierges, une veilleuse, piquent les ténèbres de points lumineux;

un silence profond nous enveloppe, nous sommes seuls dans l'étroit couloir, seuls en face des morts sacrés. Ce lieu sombre fut la genèse d'une cité fameuse entre toutes celles du monde chrétien, l'œuf d'où sortit la Jérusalem d'Occident, et le sépulcre donna la vie.

En ce temps-là, dans les premières années du ixe siècle (835), Théodomir était évêque de Padron qui, sous la domination romaine, portait le nom d'*Iria Flava*. Or, un jour, un ermite vint à lui et lui conta qu'un événement merveilleux se passait chaque nuit dans la montagne à un endroit appelé *Libredon*, couvert d'une végétation impénétrable de bois de chênes. On entendait des chants, on voyait des lumières, des étoiles descendaient du ciel, et la plus belle se plaçait toujours au dessus du chêne principal.

L'évêque se rendit à Libredon, entendit les chants et vit l'étoile. Il fit abattre le bois, fouiller le sol, et découvrit une grotte où l'on trouva trois tombeaux. Celui du milieu, en marbre, renfermait les dépouilles de saint Jacques avec son bâton de pèlerin, la tête détachée du tronc. Les autres étaient ceux de saint Théodore et saint Athanase.

L'identité était certaine; en effet, saint Jacques ayant été décapité sur l'ordre d'Hérode, roi de Jérusalem, les deux disciples, dont il vient d'être dit les noms, avaient ramené son corps en Espagne sur un navire envoyé tout pavoisé par Dieu à Jaffa.

Tels sont les faits miraculeux relatés par le pape Léon III, dans l'encyclique qu'il adressa aux évêques de l'univers : « Et ce document d'un grand intérêt historique et archéologique est la preuve la plus concluante de la translation du corps de l'Apôtre en Galice ainsi que de l'authenticité du sépulcre. Le juste se réjouira dans le Seigneur et aura espoir en lui. »

L'an 889, une basilique fut consacrée sur l'emplacement où se trouvaient les reliques du saint et une ville s'éleva qui fut appelée *Campus Stellæ*.

Elle était grande et riche quand Almanzor, général du calife de Grenade, vint dévaster le nord-ouest de l'Espagne. Il rasa l'église et les cloches furent emmenées à Grenade à dos de chrétiens; par représailles, elles furent rapportées au xv° siècle à dos de musulmans, sur l'ordre de Ferdinand et d'Isabelle la Catholique.

Seul, le tombeau était resté inviolé; plus splendide qu'avant, le temple fut relevé. De toutes parts les fidèles arrivèrent pour aider à sa reconstruction et le roi Alfonso VII y fut couronné par l'évêque Gelmirez le 25 septembre 1110.

Les pèlerins apprirent le chemin de Santiago et s'y pressèrent en foule comme à Jérusalem, comme à Rome. Les années passèrent, ajoutant chacune un fleuron à sa couronne, et elle devint la capitale puissante de la Galice. Elle connut depuis la fragilité des gloires humaines et, lassée de leurs vanités, elle se retira du monde, assistant indifférente aux événements qui se déroulaient. Le grand calme s'est fait, la paix du ciel est descendue sur elle; gardée par son cercle de montagnes bleues, elle reste, cité sainte et vénérée, un des derniers refuges de la foi qui s'en va.

Comme les rameaux qu'aurait poussés un tronc vigoureux, des hors-d'œuvre se sont greffés tout autour de la basilique primitive, pour former l'ensemble complexe d'aujourd'hui. Chaque époque a apporté un joyau marqué de son sceau : le gothique a fleuri ses ogives; la Renaissance a ciselé ses rinceaux légers; les xviie et xviiie siècles ont plaqué leurs dorures massives et tordu les colonnes en spirale. Les reliques sacrées, les trophées glorieux, les trésors sans prix, les marbres précieux, se sont entassés dans ces chapelles qui sont autant d'églises dans l'église et se succèdent si nombreuses, qu'il faut renoncer à les nommer.

Par un long couloir qui s'enfonce dans les entrailles du colosse de pierre, on parvient à la *Capilla de la Corticela*, à laquelle se rattache un usage singulier. Si quelqu'un d'étranger à la ville meurt à Santiago, là seulement il trouvera un refuge, les portes des autres paroisses ne s'ouvriront pas pour lui.

Derrière le chœur, la voûte romane se développe grandiose de simplicité avec une ampleur qui invite l'âme à monter; le jour filtre tamisé, et la vaste nef s'étend libre devant nous. Au fond, s'adosse l'autel de la *Mater dolorosa*; brusquement je pâlis à la seule vue de son image. Le manteau de velours noir qui enveloppe la statue s'ouvre sur un devant de batiste blanche montrant à nu le cœur sanglant percé de sept glaives. La figure est vivante; elle terrifie et glace d'épouvante, tant elle exprime la souffrance horrible, le désespoir morne. Non ! ce n'est point ainsi que je conçois la Vierge, mère du Christ, mère de la douleur, mais aussi de l'infinie résignation, car elle sent, elle sait, que bientôt il y aura l'éternel revoir et dans sa peine immense elle sourit à l'au-delà. Mais aucune lueur d'espérance ne se reflète sur ce visage que je parviens enfin à fixer, la perte est pour toujours, irrémédiable.

En face de cet autel, et formant l'entrée principale de la basilique, le *Pórtico de la Gloria* ouvre ses trois arceaux, les plus merveilleusement sculptés, décorés et enluminés qu'ait jamais produits l'art roman. Nous restons éblouis et confondus, devant cette œuvre, d'inspiration géniale, du maître Matheo. Le portail est séparé par une sorte de vestibule de la façade extérieure de l'Obradoiro qui le protège aujourd'hui contre les injures du temps.

Le cloître touche à la sacristie; c'est, paraît-il, le plus vaste de l'Espagne; en tout cas, rarement le XVIe siècle nous a montré un gothique fleuri plus fin. L'aspect n'en est nullement sévère; nous n'avons pas la sensation, en marchant sur les dalles armoriées, de fouler les pierres tombales des chanoines; nous n'évoquons pas l'image des cénobites préparant leur fin dans la méditation et l'ascétisme. Les cloches égrènent allègrement leurs notes vibrantes, des prêtres passent en causant, des enfants de chœur se poursuivent avec des éclats de rire et une foule de curieux circule pour admirer avec nous les tapisseries de toute beauté qui décorent les murailles à l'occasion des fêtes.

C'est une exposition d'art ancien que nous examinons avec un vif intérêt. Quelle verve, quelle réalité, dans ces sujets parfois burlesques ! des tableaux de Teniers ou de Watteau. Rien de religieux dans ces scènes espagnoles d'un coloris éclatant. Au hasard, je note l'une d'elles : une jeune et gracieuse damoiselle écoute bienveillamment les propos d'un galant chevalier; tous deux assis sur l'herbe, fort absorbés par leur causerie, n'aperçoivent pas le père de la donzelle qui, masqué, debout derrière eux, assiste à leur entretien.

A la suite, d'autres tapisseries attestent par leur naïveté, leurs teintes effacées, la grandeur de leurs personnages, une époque plus lointaine et primitive.

Nous sortons de la cathédrale la tête lourde, l'esprit lassé de tant de choses vues, d'émotions éprouvées, de poudre remuée, sans pouvoir ressaisir nos pensées, les classer ni les préciser. Plus tard, seulement, quand nous avons pu, dans le calme, revivre nos souvenirs, nous avons eu l'impression d'avoir assisté à une épopée grandiose dont le héros était ce géant de granit.

Sur la *plaza de las Platerias*, véritable

patio, où une gracieuse fontaine donne la fraicheur de son eau vive, un hôtel de la Renaissance présente une façade richement ornementée, que surmonte un fronton armorié. Je le préfère à la fameuse maison du *Dean* qui se trouve à côté, à l'entrée de la rua del Villar.

Après avoir retrouvé à l'hôtel le fils du propriétaire, qui fort complaisamment s'est mis à notre disposition, nous nous dirigeons vers *Santa Maria la Real de Sar*, située à quelque distance au sud-ouest de Santiago.

Nous descendons un chemin rapide, hérissé de pierres pointues, aux bas-côtés dallés, et praticable seulement pour les chars à bœufs. De pauvres masures de faubourg le bordent; pêle-mêle avec les porcs et les poules, des enfants se vautrent demi-nus dans la fange; d'une allure nonchalante des paysans s'en vont.

Dans un bas-fond délicieux de verdure, dort la petite église, un bijou roman. Dès l'abord, nous sommes frappés par l'inclinaison des piliers, qui vont en s'écartant depuis leur base jusqu'au sommet. Le sacristain nous affirme que cette disposition est un prodige de hardiesse conçu par l'architecte; vanité puérile que d'attribuer à l'intelligence humaine l'inconscient résultat des forces naturelles, et nous préférons croire que le vaisseau s'est affaissé de lui-même. D'ailleurs le pied des colonnes s'enfonce dans l'eau, et l'on a dû, sur le sol primitif, exhausser un plancher en bois.

Le cloître est le plus ancien de l'Espagne. Par terre, des dalles frustes, inégales, sont craquelées et disjointes ; des solives mal équarries forment la voûte ; et devant nous fuit une perspective de trapus arceaux en plein cintre, accouplés par deux et fouillés admirablement. Ils s'ouvrent, depuis des temps très reculés, sur une cour intérieure, déserte, enfouie sous un linceul épais d'herbes folles et de végétation parasite. L'ivraie croîtra envahissante, les pierres s'écrouleront, car personne ne veille ; alors, l'oubli se fera complet dans ce lieu où déjà la tristesse de l'abandon nous a saisis.

Dans le chœur de l'église est conservé un banc, où s'asseyaient, pour entendre lire leur sentence, les condamnés à mort de l'Inquisition. Sur le dossier sont gravées les armes du sinistre tribunal : une croix entre un glaive rouge et un rameau, la palme du martyre gagnée au prix de leur sang par les patients auxquels je songe, et je me demande si les cloches qui tintent là-haut ne sonnent pas un glas pour des victimes nouvelles.

Mais non! le calme est profond, le petit pré, qui entoure la *collegiata*, exhale une bonne odeur de foin coupé; très alanguissant un besoin de repos m'envahit. Je réagis et nous remontons à Santiago par la même route qui nous avait amenés.

Au sommet de la côte, devant le couvent *de las Madres*, nous nous arrêtons au pied du Calvaire. Le soleil darde ses rayons de feu sur la campagne assoupie, et les montagnes, très vertes au premier plan, se perdent au dernier, noyées dans une brume de chaleur. Nous contemplons cet horizon large, cherchant à nous en imprégner, puis nous nous enfonçons dans le dédale des rues.

Santiago n'est pas une ville, c'est une histoire des âges écoulés, contée par des monuments et brusquement interrompue à l'époque déjà lointaine où la cité s'arrêta, laissant le temps continuer sa marche. Le monde a passé, elle est restée jeune; elle est telle aujourd'hui qu'elle était jadis; elle a gardé fidèlement le même aspect, les mêmes traditions, les mêmes usages. Placée hors des sentiers battus, il faut venir la chercher, et pour la voir, parcourir en diligence, pendant des heures, de longues lieues de pays. Le seul chemin de fer qu'elle possède la relie avec

Carril, bien isolée elle-même dans un creux de sa baie profonde.

Toutes les rues ont un charme pénétrant d'antiquité, aussi bien les principales *(ruas Nueva, del Villar, Preguntoiro)*, que les ruelles étroites et tortueuses où se joignent les auvents des toits. De tous côtés, gardiens des souvenirs, s'élèvent des édifices précieux : le *Colegio de la Fonseca,* l'*Escuela Normal,* les *Casas Consistoriales* et surtout l'*Hospital Real.*

Fondé par les rois catholiques pour héberger les pèlerins, l'Hôpital renferme aujourd'hui des malades et des enfants trouvés qui pullulent dans la région. Il est une des plus belles, une des plus délicates manifestations de la Renaissance ; à l'extérieur, dans les patios, sur les portes, règne une débauche de sculptures, d'ornements, de blasons. Dans la chapelle ogivale, des colonnes sveltes s'enlèvent d'une seule venue, s'épanouissant en gerbes de nervures, et j'ai l'illusion d'une forêt de palmiers.

Sur la place Alfonso XII, les jeux publics sont installés. Pour attraper une bourse, des gamins déguenillés cherchent à suivre, sans la faire basculer, une poutre établie en équilibre instable. Leurs yeux brillent de convoitise ;

quand ils réussissent, il y a chez eux une explosion de joie et un regard d'envie chez leurs camarades.

Ici, c'est la populace misérable et insouciante, celle qui subit sans murmurer, dans ce pays où seules deux classes existent, les volontés, les caprices et les fantaisies de ceux qui tiennent le manche de la cognée. Aussi faut-il s'adresser à ces derniers si l'on veut obtenir certaines facilités indispensables en voyage.

Nous n'hésitons pas, cela ne devant porter tort à personne, à demander à l'alcade des cartes pour assister à la fête de ce soir et jouir du coup d'œil depuis les salons de l'Hôtel de Ville. Grand, d'allure militaire, sanglé dans une longue redingote et coiffé d'un chapeau haut de forme (l'usage est, en effet, de ne jamais se découvrir en Espagne), il nous reçoit dans son salon avec la plus parfaite urbanité et nous remet les billets sollicités. Nous le remercions vivement : « Oh ! cela ne vaut rien », nous répond-il en français, qu'il comprend et ébauche. Que ce fonctionnaire soit assuré de notre gratitude et de notre respectueuse sympathie.

Se procurer un guide est chose fort difficile ; les libraires n'en vendant pas, il faut l'acheter à l'auteur lui-même. On nous indique l'adresse de M. Fernandez, qui a écrit un ouvrage sur Santiago, et nous allons chez lui. Nous ne le rencontrons pas, mais le directeur de l'École normale se dérange pour nous accueillir. Très modeste, très érudit, il parle couramment notre langue et nous entretient de la Galice : « Notre Bretagne, ajoute-t-il, car nous sommes aussi des Celtes. »

La journée est décidément celle des visites. Tandis que, dans notre chambre, nous réparons le désordre de notre toilette, la porte s'ouvre et le jeune propriétaire de l'hôtel nous présente M. Candido Rios y Rial, professeur de sciences naturelles à l'Université, qui, ayant su notre présence à Santiago, a tenu à venir nous voir. Comme il s'exprime en français avec un fort accent tudesque, J. R... éclaircit avec tact et discrétion la question de nationalité. « Je suis Espagnol, nous dit-il, mais j'ai fait mes études à Bonn. C'est là qu'avec l'allemand j'ai appris le français, l'anglais, le suédois et le norvégien. » A son grand étonnement, je lui réponds dans cette langue combien nous sommes honorés d'avoir le plaisir de lui serrer la main.

Il nous apprend que Santiago est une Université fort importante où les quatre

Facultés : sciences, pharmacie, médecine et droit, réunissent près de trois mille étudiants. Nous ne nous séparons qu'après une longue causerie.

Aussitôt notre dîner achevé, nous nous dirigeons vers les Casas Consistoriales. Déjà les balcons sont garnis par les membres de la haute société; les groupes se sont formés, émaillés de jolies femmes à l'épaisse chevelure de jais, aux yeux de velours, dont elles jouent aussi habilement que des éventails, le paravent de leurs visages.

En bas, sur la place faiblement éclairée, la multitude roule en un flot compact; un grondement sourd, semblable à celui de la mer, monte jusqu'à nous, et je comprends cette force qu'est le contrat social, cette digue qui retient les masses, les empêche de déborder, d'engloutir la minorité dirigeante.

Pour voir de plus près, nous descendons et nous perdons au milieu de la foule. Bientôt les cloches lancent leurs notes claires, le feu d'artifice commence, et par des cris, des sifflets et des bravos frénétiques, des milliers de spectateurs en délire manifestent leur enthousiasme pour les tableaux de féerie qui se succèdent.

A la lueur des fusées, la basilique sort des

ténèbres; soudainement illuminée, elle détache sur le ciel noir son profil imprécis, et c'est le passé lui-même qui ressuscite dans des clartés d'apothéose. La gerbe de feu s'éteint, et la vision passagère s'efface.

Voici maintenant, les danses nationales. Aux sons de la musique scandée, deux fillettes de la classe riche exécutent la *jota aragonés*, esquissant avec leurs doigts le claquement des castagnettes. A côté, un couple de gens du peuple : lui, le cigare aux lèvres, la poursuit; elle, gracieuse sous ses haillons, cambre sa taille souple, rejette le torse en arrière, lui échappe, et leurs mouvements se combinent si bien que jamais ils ne se joignent. Plus loin, la *muyñeira gallega*, ronde lente, au pas lourd, contraste avec la *jota* endiablée.

Au milieu de ce mouvement, de cette bousculade, des femmes dorment étendues par terre, et nul ne les piétine. Nous les enjambons, nous frayant à grand'peine un passage; et jamais je n'ai vu foule plus complaisante: chacun s'écarte, nous fait place, certains même nous ouvrent la brèche en jouant des coudes avec une telle vigueur, que je m'étonne de n'entendre personne réclamer; ce peuple, on le voit, a l'habitude d'être mené rudement.

Sur les côtés de la place, où nous parvenons enfin à respirer, des buffets en plein vent étalent des provisions peu engageantes; ils regorgent cependant de consommateurs, et je remarque nombre de pèlerins qui prennent leur part de réjouissances.

A minuit, harassés, étourdis, nous rentrons au calme, et dans l'ombre je vois briller le phare de la torre del Reloj indiquant la Ville sainte, comme autrefois l'étoile prophétique la sépulture de l'Apôtre.

Je m'endors si profondément, que je n'entends pas comme mon compagnon les heures tomber une à une, piquées par le carillon, et passer les bandes joyeuses qui emplissent la rue de tapage. Au matin seulement, je suis réveillé par le biniou et les fanfares; en hâte nous nous habillons pour assister à la messe solennelle de Saint Jacques.

Quand nous y pénétrons à huit heures et demie, l'église resplendit dans sa parure de fête, et elle est envahie par un peuple remuant de fidèles qui se bousculent pour venir un instant honorer l'Apôtre. Près de nous un paysan s'agenouille serrant ses enfants contre sa poitrine; tout tremblant, il leur montre l'autel qui flamboie à la lueur des mille cierges, et les petits, devant ces richesses, ce ruissellement de lumières que, même en rêve, ils n'avaient pu concevoir, restent éblouis, les yeux écarquillés.

Bientôt arrive le cortège des corps constitués, dont les membres prennent place sur les bancs qui leur sont réservés; à droite les fonctionnaires civils : l'alcade, l'Université, l'Ayuntamiento, les députés aux Cortés; à gauche, les autorités militaires. Je remarque un capucin blanc que son allure martiale fait prendre plutôt pour un soldat que pour un religieux. C'est, en effet, un *caballero de la Orden de Santiago*, ordre analogue à celui des chevaliers de Malte, et dont ce dignitaire est un des derniers représentants; il n'en est plus créé de nouveaux; avec eux, quand ils meurent, le titre s'éteint.

Le passage entre le chœur et l'autel est gardé par les massiers de l'Ayuntamiento en costume du moyen âge : masse d'argent, dalmatique en damas rouge brodée d'or avec filet noir, gilet de velours bleu, toque à plume blanche. Le guidon de soie groseille, avec les armes de la ville en argent appliqué, est tenu par un huissier en robe noire.

Sans ménagement, la foule est expulsée; grâce à la bienveillance de l'alcade, qui fait un signe à l'officier de police, seuls nous restons, admirablement placés, au même rang que le gouverneur de la province.

Aux *logias* discrètement percées au dessus de la capilla mayor, des femmes chuchotent entre elles derrière leur éventail, ainsi qu'elles feraient dans une salle de spectacle.

La porte du nord s'ouvre et l'archevêque fait son entrée solennelle, escorté des prélats de son diocèse et de tout son clergé.

Pendant que la procession promène les reliques de saint Jacques, les orgues enflent leurs sons très pleins, accompagnant des voix splendides, et le *bota fumeiro* se balance, répandant des flots de fumée odorante. D'un mouvement rythmé, neuf hommes font décrire dans les transepts un arc de quarante mètres de diamètre à cet encensoir énorme suspendu au dôme ; lancé à toute volée il vient presque raser le sol et d'un seul bond se relève jusqu'à toucher la voûte. La flamme jaillit du brasier que l'air attise, et le lourd encensoir d'argent, entraîné dans l'espace par sa course vertigineuse, m'apparaît comme un damné fuyant éperdument, dévoré par le feu infernal.

Après la messe pontificale, célébrée avec une pompe extraordinaire, après le défilé des chanoines, le gouverneur remet à l'archevêque le présent de la reine : cinq mille pesetas enfermées dans une urne. Le prélat remercie, et longuement, avec force, il parle sur un ton un peu déclamatoire.

La cérémonie s'achève, elle a duré deux heures; j'ai été frappé par le déploiement d'un luxe exagéré, la recherche d'un apparat presque théâtral devant lequel s'est effacée l'idée religieuse. Combien nos solennités, où domine le sentiment de la piété, revêtent un caractère plus élevé et plus troublant! J'étais venu chercher le Dieu d'amour et de bonté, je n'ai rencontré que le Dieu de magnificence superbe, et si j'ai courbé la tête, mon cœur n'est point allé vers lui.

Nous marchons maintenant par la ville, aux maisons pavoisées; étalage bizarre, contraste baroque d'étoffes riches, de velours frangé d'or, à côté de loques informes.

Sur les voies plus larges qui avoisinent l'Alameda, se tient une foire. Elle est très classique, avec son marché aux bestiaux, ses boutiques en plein vent, ses marchands ambulants les bohèmes du commerce, ses bric-à-brac et leur déballage de défroques. Mais elle prend ici un aspect de gaîté prodigieuse, tant il y a de lumière, de mouvement et de couleur.

Dans une agitation bruyante, chacun va, vient, se promène, achète, discute; les hommes se fâchent, les femmes crient, les enfants piaillent; les porcs, les moutons grognent et se regimbent, rébarbatifs à leurs nouveaux maîtres qui les poussent, et parfois, en désespoir de cause, les emportent dans leurs bras. La poussière, soulevée en nuage, voltige semant sa poudre blanche; des cavaliers passent au trot de leurs petits chevaux nerveux, harnachés de pompons jaunes et rouges; et, aux cris gutturaux de leurs conducteurs, les diligences se frayent à grand'-peine un passage à travers la houle humaine qui ondule, se choque, tumultueuse et pressée.

Saint Jacques fait au moins un miracle le jour de sa fête : il rend vivante sa vieille cité. De la plaine, de la montagne les paysans y accourent et s'y donnent rendez-vous. Ils y viennent, en même temps que remplir leurs devoirs envers l'Apôtre, prendre un peu de repos et de distraction, faire une courte trêve à leur rude labeur de peuple misérable. Ils en profitent aussi, puisqu'il faut ici-bas songer aux nécessités de l'existence, pour faire leurs emplettes et pourvoir à leurs besoins.

Les rues sont trop étroites pour contenir la foule turbulente de ces gens qui se promènent d'une allure traînante, désorientés de leur désœuvrement inaccoutumé. Parfois ils s'arrêtent devant un monument, un objet, qui a piqué leur curiosité; leur bouche bâille étonnée, leur figure s'épanouit, exprime une joie naïve de grands enfants qui n'ont jamais rien vu.

Les magasins de nouveautés, les cordonniers, les taillandiers surtout, sont pris d'assaut. Dans la calle *Algaria de Arriba*, on a, pour plus de commodité, fait entrer un cheval chez un bourrelier, et on lui essaie une selle grossière, une sorte de bât en bois, peinturluré dans le goût oriental. Plus loin, mais sans voir s'arrêter la clientèle, un fabricant de cercueils, industrie très répandue en Espagne, expose des boîtes enjolivées de bariolages : une gaîté de croque-mort portant le diable en terre. Un marchand d'*ex voto* a plus de succès, il débite un nombre respectable de pieds, de mains, de jambes, de bras en cire.

Sur le seuil d'un café, deux paysans se querellent; tout à coup, l'un étend le bras et d'un revers de main envoie son interlocuteur rouler dans le ruisseau; jamais je n'avais vu gifle si furieusement appliquée. Des camarades s'interposent, la victime se relève, se secoue, et les adversaires s'en vont chacun de leur côté.

Les costumes foisonnent, ajoutant une note pittoresque à ces rues si animées ; ils ont une certaine analogie avec ceux de notre Bretagne. Chez les femmes, le tablier noir orné de jais recouvre une jupe raide, formant cloche; un fichu brodé de nuances voyantes se croise sur la poitrine et s'attache derrière, à la taille; les cheveux tressés en deux nattes tombent dans le dos; la cape noire est posée sur la tête, par dessus le foulard noué sous le menton; aux oreilles sont accrochées des pendeloques de cuivre rehaussées de pierreries chatoyantes.

Les hommes sont vêtus de la petite veste rouge aux manches jaunes, et ouverte sur un gilet soutaché; leur cou est emprisonné dans une collerette empesée, montant jusqu'aux oreilles; de larges ceintures multicolores en flanelle tiennent leur culotte blanche, rentrée dans de hautes guêtres en bure formant botte à l'écuyère; ils sont chaussés de souliers cloutés à patins de bois, coiffés d'un chapeau de feutre, et s'appuient sur de longs bâtons. L'un d'eux serre sous son bras un parapluie à bouts de cuivre, et sous lequel il peut abriter toute sa postérité.

Après déjeuner, tandis que nous nous délassons par une courte sieste, nous faisons remettre à l'alcade un mot avec nos actions de grâces pour sa grande amabilité. Qu'on ne s'étonne pas de ce style emphatique : il est simple pour l'Espagnol, dont les mots ronflants flattent agréablement l'amour-propre. Sachez le prendre par son faible, vous le trouverez toujours prêt à rendre service. Le tort de nos compatriotes est de se croire à l'étranger en pays conquis; nous avons fait de notre mieux pour éviter cette faute et laisser sur notre passage la meilleure opinion possible des Français. Tout en conservant notre dignité, nous avons témoigné à nos hôtes les marques de déférence que nous leur devions; nous avons du reste toujours été payés de retour, et nous devons louer l'accueil très cordial qui nous a partout été réservé.

Nous nous mettons à la recherche de M. Candido Rios y Rial à qui nous avions promis une visite; mais malgré nos efforts et notre bonne volonté, nous ne parvenons pas à trouver sa maison. Nous chargeons le propriétaire de l'hôtel Suisse de lui remettre nos cartes et de lui exprimer nos regrets.

En passant dans la calle *de Huerfanas*, nous entrons au bureau du coche de la Corogne, retenir nos places pour la voiture du lendemain. Nous devons nous contenter de l'impériale, la berline et l'intérieur étant déjà complets;

nous ne savions pas, hélas ! à quoi nous nous engagions.

Les ordres religieux se sont multipliés dans la Ville sainte, et chaque congrégation a voulu honorer son patron ; aussi les églises et les couvents sont-ils, innombrables, sortis de terre à toutes les époques.

San Francisco développe une façade gréco-romaine, massive mais non sans ampleur. Dès l'entrée dans le temple, une grande simplicité nous frappe ; elle nous repose du déploiement de luxe, de la profusion de richesses rencontrés jusqu'alors, et sous la haute voûte très sobre, presque nue, règne la tranquillité d'un lourd silence.

Nous recevons la meilleure hospitalité des moines qui font prévenir immédiatement un père parlant notre langue. Comme nous nous excusons de l'avoir dérangé : « J'ai passé deux ans dans un monastère de votre pays, nous répond-il, et c'est un plaisir pour moi que de parler français : nous en avons si rarement l'occasion. »

Sous sa conduite, nous visitons en détail Saint-François, actuellement communauté de missionnaires. Le couvent est moderne, sauf cinq très beaux arcs ogivaux de l'époque primitive, conservés dans le cloître du sud. A côté se trouve la salle, aujourd'hui démolie, où sous Charles Quint se réunissaient les Cortés.

Très tristes, sombres et humides les préaux encaissés entre de hautes murailles, interminables les longs couloirs sonores, essoufflante l'ascension des escaliers; mais quels trésors dans la bibliothèque où des livres respectables, dépositaires et propagateurs de la pensée humaine, montrent derrière des grillages le cuir fané de leurs reliures; et je relève de superbes éditions enluminées à la main, entre autres une Bible qui porte la date 1480. Dans cette salle, dans le cabinet de physique et d'histoire naturelle, nous avons la perception manifeste que cet ordre travaille, fait notable chez les religieux espagnols : « Il faut bien, nous dit notre cicerone, d'un air de douce soumission indifférente, se mettre au courant et avoir une teinture de tout. »

Sur cette réflexion nous nous retirons, et nous rendons à *Santo Domingo*, hospice de sourds-muets situé sur une hauteur à l'extrémité est de la ville. La porte du couvent est fermée, mais l'alcade, tel le *deus ex machinâ*, se trouve là à point nommé pour nous la faire ouvrir; bien mieux, il détache de sa suite un garde municipal qu'il met à notre disposition.

Nous sommes reçus par une sœur accorte.

qui s'excuse de ne pouvoir nous montrer l'hospice dans tous ses détails; il est trop tard, les *niños* et les *niñas* sont rentrés dans les études.

Santo Domingo est le couvent de l'abandon; la ruine guette l'ancienne nef gothique délabrée; déjà les plantes parasites l'envahissent, incrustent leurs racines entre les pierres qu'elles disjoignent de leur continue poussée lente; visqueuses les dalles glissent; la moisissure couvre les tombeaux, la statue de saint Ignace de Loyola, la chaire de santo Domingo, souvenirs éparpillés au hasard dans un délaissement morne. Un froid humide, glacial, nous pénètre jusqu'au cœur, le froid de la mort qui descend sur l'édifice croulant. Seule, la chapelle du Rosaire, où se célèbrent encore les offices, recèle le dernier souffle de vie.

Dans un transept, est ciselé, selon le goût de la Renaissance, le tombeau en marbre blanc et noir d'une poète gallega, fort admirée, *doña Rosalia Castro de Murguia*.

Une des curiosités de l'hospice est un triple escalier en colimaçon (*escalera de caracol*). Les trois volées partent de points différents pour se terminer à des étages distincts, mais elles s'enchevêtrent de façon si inextricable, se superposent si exactement dans le dédale de leurs détours, qu'elles semblent en former une seule. Laquelle choisir pour arriver au sommet du monument? Nous hésitons devant les trois chemins qui s'ouvrent.

N'est-ce pas là un problème qui chaque jour se présente dans la vie quand, plusieurs voies s'offrant à nous, il nous faut prendre une décision? Une d'elles seulement nous conduira à notre but, comme l'un des escaliers nous mènera en haut à l'air libre, à la vue large que nous cherchons. Mais si nous nous engagions dans le chemin mauvais et sans issue, nous nous heurterions à une impasse, nous nous briserions dans l'inanité de nos efforts, comme les autres marches nous feraient aboutir à des portes closes.

La sœur qui nous guide vient à notre aide et bientôt nous parvenons à un balcon d'où se découvre le panorama de la ville entière.

Santiago! ce nom résonne comme un écho si lointain, si affaibli, que beaucoup ne l'entendent plus. Avant de la connaître, je me figurais une bourgade isolée, plus triste encore qu'une autre de toute sa gloire perdue; son existence même me paraissait énigmatique, et je me demande si c'est bien elle que je contemple, vénérable de toute la majesté des siècles écoulés.

Elle s'étend à nos pieds, la cité de granit ; de son sein surgissent de tous côtés, comme des bras levés, les tours de sa cathédrale, les clochers de ses églises, les campaniles de ses couvents. Son cercle de montagnes commence à s'estomper dans la vapeur du soir, et sur elle pèse un ciel gris où se prépare un orage, l'orage où grondent sourdement les revendications, les colères, les menaces des révoltés. Que lui importe ? elle ne les craint pas; confiante, elle attend fermement l'assaut, qui ne lui sera peut-être jamais donné.

Santiago nous semble enveloppée d'une atmosphère irréelle de mysticisme, nimbée de l'auréole des bienheureuses, et maintenant transfigurée, elle se dresse devant nos yeux comme la personnification idéale de la croyance catholique.

Toujours accompagnés de notre garde municipal, nous regagnons l'intérieur de la ville. Sur une plazuela, la *Capilla de las Animas* s'est construite au siècle dernier. Bien suggestif ce nom, ainsi que le fronton où sont grossièrement figurés des personnages entourés de flammes. L'objet du culte de l'église est en effet de demander le soulagement et la délivrance des âmes qui souffrent les tourments du Purgatoire. A l'intérieur, au dessus des autels, sept grands panneaux, représentant les scènes de la Passion, sont sculptés avec un relief donnant l'illusion de la réalité. Ils sont l'œuvre curieuse d'un paysan gallego nommé Prado qui, pour les composer, étudiait sur le vif les types de ses sujets et reproduisait ceux qui l'avaient le plus frappé.

Au moment où nous sortons de la chapelle, l'enterrement d'un moine franciscain passe devant nous. Un sonneur, agitant une clochette, précède le cercueil entouré d'un voile noir, et que portent sur leurs épaules six hommes aux rudes figures; sur deux files, des enfants l'escortent, tenant à la main des cierges de cire jaune, et de temps à autre, un ophicléide pleure ses notes nasillardes.

Dans cette rue étroite, assombrie déjà par le jour qui décroît, combien il est lugubre ce cortège, avec ses prêtres sales, indifférents, marchant vite, comme pressés de terminer une ennuyeuse besogne. J'ai la vision effrayante de la mort, du néant affreux, et le cœur étreint d'une angoisse douloureuse, je salue celui qui, cloué dans ces planches, a pénétré l'insondable mystère de l'éternité.

A *San Martin*, où nous descendons par un escalier à double évolution, nous sommes en pleine Renaissance. La fondation de ce couvent, actuellement séminaire conciliaire, remonte même au xe siècle; il occupe la première place à Santiago, et c'est un des plus importants que possède en Espagne l'ordre *los Benitos*.

Au dessus des piliers de la vaste nef principale, de hautes galeries grillagées permettent aux religieuses d'écouter la messe sans être vues. Le maître-autel, masse colossale de dorure, me laisse froid et bien davantage me touche celui où la Vierge porte dans ses bras l'Enfant Jésus. Un instant je m'y arrête; soudainement le ciel se découvre, les nuages se sont dissipés et la statue s'illumine frappée par un rayon du soleil couchant, rayon consolateur qui ranime en moi l'espérance d'un au-delà, d'une survie dans un monde meilleur.

En sortant de San Martin nous nous retrouvons en face de la cathédrale. Une dernière fois j'y veux retourner avant le départ, je veux la voir sans le faste ni l'apparat de la fête et trouver la paix profonde de l'esprit sous les grandes voûtes calmes et recueillies. Nous entrons; la pénombre commence à envelopper l'église, un bourdonnement confus de voix, psalmodiant les complies, se mêle au tintement des cloches et, au dessus de l'autel braisillant, la statue de l'Apôtre, vers qui monte l'encens, étincelle dans un rayonnement d'astre.

Prosternés sur les dalles, les bras étendus, les fidèles prient immobiles, comme pétrifiés dans une attitude extatique. Accomplissant un vœu sans doute, une femme se traîne sur les genoux, un cierge à la main; ses lèvres remuent, balbutiant quelque oraison, ses yeux démesurément ouverts sont rivés sur le saint, et fascinée, lentement elle rampe vers lui, attirée par une invincible force.

Chez elle, chez tous ces fervents, la foi éclate imposante parce qu'elle est simple, inébranlable parce qu'elle ne raisonne pas; la foi sans bornes qui faisait les martyrs, à ces premiers âges de la chrétienté où dans un élan prodigieux de renoncement et de sacrifice, l'or affluait, les fortunes s'entassaient, dans les temples que pierre par pierre édifiaient les pèlerins. Mon Dieu ! qu'il est loin notre siècle de matérialisme brutal et révoltant, sans croyance et sans idéal ! Toujours les cloches sonnent, les prêtres rythment leurs psalmodies berceuses, l'encens fume enivrant; le trouble s'empare de moi, mon regard se voile, mes tempes battent, je perds la notion exacte des choses réelles. Santiago m'apparaît comme une basilique immense et au dessus d'elle l'Apôtre me semble planer, la protégeant, comme d'une égide, de ses ailes d'archange étendues toutes grandes.

A la porte qui, derrière l'autel, s'ouvre sur l'escalier par lequel on monte embrasser la pèlerine du saint, une foule compacte se presse. Notre guide, pour nous éviter d'attendre, coupe la longue file et nous passons. Lorsque nous arrivons devant la relique, usée par tant de lèvres qui s'y sont posées, je me sens au cœur une charité infinie pour mes frères, ces humbles qui souffrent, et je me demande de quel droit, moi qui bois à la coupe de toutes les jouissances humaines, je retarde pour eux le moment de leur suprême consolation, ce baiser brûlant d'amour dans lequel ils puisent la force de supporter leur misère.

Au moment de nous quitter sur la plaza dos Literarios, le municipal nous fait remarquer quantité de dalles formant des croix. Ces pierres sont des tombes d'étudiants tués dans une émeute fameuse, qui jadis éclata ici, et nombreuses furent les victimes, car nombreuses sont les croix.

Vendredi 26 juillet.

Ce matin il pleut et les fêtes sont terminées ; dans un dernier relan, les cloches jettent leurs appels précipités ; le *bota fumeiro* répand sa fumée d'encens, mais les pèlerins sont partis, et dans les rues tristes sous l'ondée, de nouveau règne la paix séculaire, plus profonde encore après l'agitation des jours passés.

Par hasard, nous apprenons que François Coppée, de passage ici, logerait à l'hôtel de la Vizcaina. Heureux de cette bonne fortune, nous nous y rendons aussitôt et sommes reçus cavalièrement, dans une salle aux odeurs d'ail et de friture à l'huile, par une horrible mégère dont la poitrine débordante ballotte sous un caraco de toile rouge, d'une saleté révoltante. Elle consulte son registre et n'y trouve pas trace de la présence de l'académicien. Notre espérance est déçue et nous en sommes quittes pour avoir contemplé l'opulente matrone et les accroche-cœur de ses cheveux luisants.

Un léger repas rapidement absorbé, nous nous dirigeons vers le coche de la Corogne.

Au moment où je sors d'un café, dans lequel j'avais acheté quelques provisions, un homme du peuple s'approche de moi, la main tendue; il me remercie de l'honneur que j'ai fait à la ville en la visitant et me souhaite bon voyage : « *Vaya usted con Dios!* » La Providence l'entende!

La diligence, qui chez nous n'existe plus qu'à l'état de souvenir antédiluvien, est de l'actualité en Galice où les chemins de fer sont peu répandus. C'est le fossile coucou, même casse-cou, avec coupé (*berlina*), impériale et intérieur. Il est attelé de six mules et de quatre chevaux; sur celui de tête, un postillon prête son aide au conducteur (*mayoral*). Un cavalier dont la monture est harnachée d'une croupière, d'une selle rembourrée en forme de bât où pendent des étriers à sabots, a pour mission de piquer les animaux, tandis que le *zagal* les excite de la voix, debout sur le marchepied. Qu'on ajoute à cela le service des relais, et on se rendra compte du personnel, de la dépense et de la besogne, que nécessite le fonctionnement d'un courrier.

Elle nous semble toute naturelle, cette vieille voiture; elle est si bien en rapport avec le cadre, que nous ne concevons guère plus d'autre mode de voyager.

Par une échelle de fer, nous nous hissons à nos places; sur le plancher, jamais nettoyé, deux banquettes aux coussins plus que crasseux se font face; elles sont tellement rapprochées, que les genoux se touchent, tellement étroites, que six seraient à peine à l'aise, et nous devons être huit.

Un à un, nos compagnons arrivent; d'abord, un étudiant portugais, brave garçon, propre, visage intelligent et réjoui; il nous montre tout content son petit bagage de livres, où figure une grammaire française. Puis montent un homme à la jambe de bois et une femme à l'air abruti; un couple gallego, portant un paquet enveloppé dans une serviette qui laisse suinter la graisse, est laborieusement introduit. Nous nous empilons le mieux possible, quand un neuvième personnage, de mine joviale, fait son entrée à plat ventre, traînant après lui un sac encombrant. Il est accueilli par un murmure de protestation, mais le bancal déguerpit et le tassement se fait. Je n'ai pas trop à me plaindre, occupant une extrémité du siège; j'ai J. R... pour voisin et l'étudiant pour vis-à-vis. Mais la maudite bâche de cuir ne me permet ni de tenir la tête droite, ni de garder mon chapeau; je me trouve dans la position d'une momie affligée d'un torticolis, et ce supplice va durer huit heures.

Enfin, à onze heures et demie, nous démarrons au milieu de cris, de coups de fouet, d'un cliquetis de sonnailles, d'un bruit de vitres et de ferrailles secouées, qui attirent au dehors la population du faubourg que nous traversons.

Une longue côte est gravie et Santiago disparaît. Peut-être ai-je éprouvé des impressions aussi vives, mais jamais de semblables. J'emporte un souvenir inoubliable de cette religieuse cité antique, qui m'a fait revivre, avec un charme troublant, une époque qui n'est plus la nôtre.

La route sans parapets, heureusement très bonne, s'allonge toute droite, interminable, avec des montées et des descentes où la pente n'est pas ménagée.

La pluie a cessé, mais le temps, resté couvert, nous mettra à l'abri du soleil et de la poussière. Le vent du sud-ouest balaie cette solitude désolée de hauts plateaux incultes, et à perte de vue il n'y a rien d'autre que de maigres pâturages, des fougères, des ajoncs, de la bruyère. De loin en loin cependant, dans les fonds, à côté de bouquets d'arbres qui ont poussé sur le bord d'un ruisseau, des masures délabrées s'éparpillent. Sur le seuil apparaissent des êtres sordides, habitants malheureux de cette région très peuplée, mais très pauvre, et qui permet seulement l'élevage du bétail.

Tout le long du chemin, des gendarmes sont échelonnés : nous avons, en effet, l'honneur de transporter leur colonel, l'envoyé de la reine à saint Jacques.

Quand les côtes deviennent trop raides, le cavalier, qui sautille aux réactions de son petit cheval gris, pique l'attelage que le zagal excite hurlant à plein gosier : « *Tira, tira fuerte! rufia, niña, anda, anda!* »

Deux villages traversés, nous arrivons au premier relai, Santa Cruz. Il était temps, je songeais amèrement au cardinal de la Balue. Nous profitons de l'arrêt pour dégourdir nos jambes fortement ankylosées, et jeter un coup d'œil à l'intérieur du coche (la *Ferro Carrillana* n° 7). Il est moins engageant encore que l'impériale ; si nous sommes gênés, au moins nous avons de l'air, et nos campagnards ne sont pas plus dégoûtants que ce prêtre sans dignité, dont la soutane n'est pas à toucher avec des pincettes. Dans la berline, je constate que le colonel, tout haut placé qu'il soit, n'en est pas moins vêtu d'un complet fort maculé ; la toilette de sa rébarbative moitié est dans le même état. Un coup de cloche, et nous reprenons le collier de misère.

Une demi-heure après, la femme à l'air abruti, qui maintes fois s'est mouchée dans son tablier, descend, nous faisant un peu de place. Les paysans en profitent pour prendre leur repas. De leur serviette, ils sortent du pain, une omelette froide au lard rance, du fromage qui empeste. Ils mangent goulûment, empoignant à pleines mains la nourriture et se fourrant les doigts dans la bouche. Notre compagnon jovial imite leur exemple; lui, a placé entre ses genoux son fromage et y taille de larges tranches qu'il étale sur son pain. Tous boivent à la même bouteille, qu'ils nous offrent ensuite, et sans vergogne plaquent sur nos vêtements leurs phalanges graisseuses. Braves gens ces Gallegos qui, fiers de vanter leur pays, se mettent en quatre pour nous fournir des renseignements, mais décidément répugnants de malpropreté !

Nous prenons un voyageur et nous retrouvons au complet à Ordeness, situé sur un ruisseau, dans un vallon plus frais, plus cultivé, avec des champs de seigle et de pommes de terre. Seule, dans ce hameau perdu, la diligence apporte la vie et la distraction;

aussi est-ce un empressement de têtes qui se montrent pour nous voir passer.

De nouveau, les croupes sans fin ondulent, comme si la houle de l'Océan s'était solidifiée. Leira nous marque bientôt la moitié de l'étape, et nous arrivons au deuxième relai, où des femmes nous tendent des verres d'eau claire.

Pendant plusieurs kilomètres, une bande hurlante et affamée d'enfants dépenaillés nous escorte. Nous avons grand'pitié de les voir se battre pour attraper un sou, un morceau de pain, un fond de bouteille, sur lesquels ils se jettent avidement; et il y a parmi eux une fillette et un garçonnet, deux têtes délicieuses, modèles de Murillo, avec leurs grands yeux noirs expressifs.

De l'intérieur de la voiture montent des chants, complaintes mélancoliques, qui nous emplissent le cœur de vague et de tristesse, au milieu de ces solitudes, sous ce ciel roulant de gros nuages. Le courrier qui retourne à Santiago nous croise à ce moment; des claquements de fouet, des saluts de la main, et, *adios!* nous nous éloignons.

Toujours se développe un horizon vaste, terminé par une ligne de crêtes qui, bleuâtres, s'estompent dans le lointain extrême;

mais là-bas, dans une déchirure du sol, la terre s'arrête, et une vapeur, qui s'enfonce infinie, nous montre que la mer doit être là.

Pour tromper la longueur du trajet, nous causons; le voyageur d'Ordeness nous donne des indications sur la contrée, qu'il connaît fort bien; le Portugais, esprit curieux, cherche à s'instruire en bégayant le français, et sa face enfantine sourit, la bouche largement fendue.

Sur un pont de pierre, nous traversons un ravin rocheux qu'ensuite surplombe la route en corniche, et nous débouchons sur une large vallée, belle mais aride. Elle est dominée par les monts de Carral, les plus hauts de Galice, aux flancs mouchetés de rares plaques vertes. Nous franchissons un deuxième ravin, celui-là boisé, le contraste est toujours brusque en Espagne, et nous atteignons le hameau de Carral, le troisième relai.

La route s'anime de cavaliers dont les chevaux musclés sont recouverts d'étoffes bigarrées, et de chars à musique, en longues files, traînés par des bœufs fort employés dans ces régions pour les charrois et la culture.

La poussière aussi fait son apparition et nous aveugle. Nous souffrons réellement, recroquevillés pour éviter la vermine, et nous sommes gênés pour admirer la superbe vallée d'Altamira, avec enfin la mer, lointaine encore, mais précise cette fois. C'est une délivrance quand, nos paysans descendus à Alvedro, nous pouvons redresser les reins brisés de courbature et étendre les jambes.

Les terrains mieux cultivés, des coins plus ombreux, les villages plus rapprochés, mieux bâtis, la voie qui s'élargit, des diligences, des voitures de maître, nous prouvent que nous approchons. En effet, la baie de la Corogne se découvre tout entière, avec les caps Prior et Prioriño dont les rocs gris sont frangés d'écume blanche; une pointe nous cache encore la ville. Cette vue nous rend des forces et l'air salin nous ranime.

La route suit maintenant le cours du *rio del Burgo*; elle est bordée de vergers, de propriétés coquettes, entourées de grilles; l'une d'elles est bâtie dans le goût des chalets arcachonnais.

La côte rapide du faubourg de *Santa Lucia* descendue au pas, se démasque le port où nous reconnaissons le *Béniguet*, c'est-à-dire le confortable et l'intimité du chez-nous.

Les mules sentent l'écurie; encore quelques coups de collier pour contourner la ville et déposer le colonel, avec les plus grands égards, au milieu d'un piquet de gendarmes, et nous descendons enfin à sept heures et quart devant l'hôtel de la *Paloma*, abasourdis, fourbus d'avoir roulé huit heures courbés en deux.

Nous nous débarrassons des employés de *fondas* qui nous assaillent, et en hâte nous regagnons le bord. Pour ne pas le contaminer, nous nous déshabillons dans le canot et noyons les parasites qui nous ont dévorés, moi surtout, sans doute parce que je suis plus tendre, et mon corps n'est qu'une plaie.

Alors, après ces ablutions, nous éprouvons une jouissance délicieuse de nous retrouver dans le carré lumineux et gai, assis à notre bonne table sur laquelle fume la soupe appétissante de matelot, et nous causons des nouvelles reçues de France, jusqu'au moment où nous nous étendons voluptueusement dans les draps blancs de nos couchettes.

VII

LA COROGNE (*CORUÑA*).

Jour de repos. — Vue d'ensemble. — La Pescaderia. — La vieille ville. — L'église de Santiago. — La plaza de la Constitucion. — La tour d'Hercules. — Fête populaire.

***

Samedi 27 juillet 1895.

La brise fait rage du sud-ouest, la pluie cingle et nous restons confinés à bord. Du reste, nous avons grand besoin de repos, la tête bourdonnante, le corps lassé de notre expédition des jours derniers.

Le vent avait calmi l'après-midi, mais il hurle de plus belle au coucher du soleil qui se montre à cet instant quelques minutes pour ensanglanter les nuages, fuyant chassés par la rafale.

Le soir, les lames phosphorescentes courent le long du bateau avec une vertigineuse rapidité, et nous entendons le ronflement de l'Océan qui se brise contre la falaise de granit.

La nuit est noire, froide, et nous nous blottissons sous nos couvertures, tandis que, sur le pont, la pluie ruisselle à flots.

Dimanche 28 juillet.

La Corogne est située sur une petite presqu'île, formant le côté ouest d'une large baie entourée de montagnes. Capitainerie générale de la Galice, chef-lieu de province, cette ville fort ancienne tire son nom *Coruña* de la corruption du mot *columna*, allusion à son phare, la tour d'Hercules, dont l'origine est très reculée.

Elle compte aujourd'hui quarante-quatre mille habitants et doit sa prospérité, son importance commerciale, à son port, un des plus faciles, des plus sûrs, des plus spacieux de l'Espagne du nord. Il se développe en fer à cheval entre le *Castillo de San Antonio* planté sur un ilot, et le *Castillo de San Diego*. Accessible par tous les temps, à toute heure de marée, il est abrité de tous les vents, et, dans la vase, la tenue des ancres y est excellente; la profondeur varie entre six et douze mètres. Le fond est bordé par un large quai, duquel part une jetée en fer que seules les embarcations peuvent accoster. Les grandes lignes internationales de paquebots y font escale et quinze cents navires le fréquentent chaque année.

Le projet d'une longue digue partant du Castillo de San Diego va incessamment recevoir exécution. Je n'en saisis pas l'utilité; j'y vois au contraire une gêne pour l'évolution des bâtiments. Ces travaux coûteront huit millions, alors que, pour cent mille pesetas, il serait facile de relier l'îlot de San Antonio au sol ferme par un môle de deux cents mètres au plus qui, brisant la houle du large, protégerait complètement la rade.

L'aspect est riant et pittoresque; la ville haute, l'ancienne, qui s'étage sur les flancs du *monte Alto*, est défendue par un fort et de vieilles murailles que vient lécher la mer. Les maisons se pressent, ramassées sans ordre les unes contre les autres, et au dessus de cette carapace de toits de tuiles, se montrent des clochers trapus et originaux.

La ville basse, la *Pescaderia*, s'aligne moderne sur l'isthme qui rattache la presqu'île à la terre.

De grandes maisons à arcades et surmontées de belvédères bordent le quai. Percées d'une telle multitude d'ouvertures qu'on les dirait de verre, elles frappent dès l'abord l'attention, donnant une originalité très spéciale à la Corogne. Du haut en bas, elles sont peintes de couleurs tendres, vert d'eau, bleu pâle, blanc, crème, jaune.

Il ne reste plus trace de nuages; ils se sont dissipés et le soleil brille dans un ciel limpide, uniformément azuré.

A peine débarqués, des *muchachos* nous tendent la main; des bœufs sont paresseusement couchés, et sous les hangars des gens se reposent étendus sur des ballots de marchandises. Leurs sourcils broussailleux, épais, rapprochés, leur donnent une physionomie singulière; ils semblent porter des lunettes. J'ai d'ailleurs remarqué cette particularité chez un grand nombre de gens du peuple.

Des paysans, en veste courte et *sombrero*, passent à cheval, sans étriers, les jambes raidies, le parapluie à l'arçon de la selle. Des femmes coiffées de mouchoirs rouges ou jaunes reviennent des provisions, une corbeille sur la tête.

Une promenade, avec trois allées d'arbres et un kiosque à musique, longe la baie; à l'extrémité, est planté le jardin *San Carlos*.

De larges boulevards, quelques ans encore à peine bâtis, se sont ouverts récemment dans cette partie. Les voitures y circulent librement, ce que ne permet pas en général, dans les villes espagnoles, l'exiguïté des rues.

Les autres voies de la Pescaderia sont dallées, sans trottoirs. On sent à les parcourir que la Corogne, en rapport fréquent avec les autres nations, est frottée de modernité, et il y a un mélange de couleur locale et de banalité courante.

Les maisons ont des *miradores*, ces balcons vitrés où les señoras passent une grande partie de leur existence, jouant de l'éventail et lançant des œillades, demi-cachées derrière leurs rideaux. La calle *Real*, l'artère principale, est éclairée à l'électricité; on y trouve des cercles luxueux, des coiffeurs de Madrid où l'on *hâble* soi-disant français, et où l'on massacre le cuir chevelu le mieux du monde. J'y remarque un libraire qui vend la photographie de l'éléphant du Jardin d'acclimatation de Paris et des romans de Paul de Kock, des magasins avec serpents articulés en bois et des bibelots que l'on voit partout. Il existe un théâtre et des vespasiennes gratuites et obligatoires, car il est prohibé de s'oublier le long des murs, comme le veut l'affiche qu'on y a apposée : « *Pagará cinco pesetas de multa el que orine en esto sitio* »; c'est le comble de la civilisation. Le marché est fort bien achalandé, bien tenu, et l'on y vend des pastèques.

Dans la calle *San Andrés*, un joueur de mandoline est suivi par des enfants dont je remarque la quantité prodigieuse. Il paraît qu'il y en a beaucoup d'illégitimes : un sur cinq. J'admire fort l'excuse alléguée par M. Madoz : « La Corogne est une place de guerre avec forte garnison, et un port très fréquenté ; ces causes produisent un effet naturel que partout ailleurs on pourrait appeler démoralisation. » O morale ! ne serais-tu qu'un nom comme la vertu !

La plaza de *Mina* est pleine de cubes de maçonnerie destinés aux travaux du port, et sur le campo de la *Leña* livré aux brocanteurs, il y a une exhumation de ferrailles, de chiffons, de vêtements, d'une foule de débris et de choses fanées entassées pêle-mêle : une place de la dèche.

Santa Maria, une petite église dont la reconstruction semble délaissée, et devant laquelle une aiguille monolithe de granit supporte un calvaire, nous marque l'entrée de l'ancienne ville, et l'opposition absolue avec la nouvelle.

Les rues étroites, tortueuses, vides, escaladent très raides les flancs de la colline. Parfois, des ombres glissent, des visages apparaissent aux fenêtres des maisons closes, visions fugitives vite évanouies.

Dans un coin perdu, une autre petite église se montre perchée en haut d'une rue, et cette surprise est si inattendue, dans cette cité qui n'a point de monuments, que nous restons tout saisis devant cette œuvre robuste du roman le plus primitif.

Nous entrons; sur un plancher fruste, en pente, une table, entourée de flambeaux, est recouverte d'un tapis noir avec une croix rouge dont chaque branche est terminée par une tête de mort et des tibias croisés.

Personne dans cette église que le sacristain; il nous apprend qu'elle s'appelle *Santiago*, et sur un brancard, en effet, saint Jacques à cheval, coiffé d'un chapeau à plumes blanches, lève le glaive sur un Sarrasin qui demande merci.

Au dessus du maître-autel, le Christ auréolé est assis sur un trône, un sceptre à la main, sur les épaules un manteau de velours frangé d'or. Ce n'est plus le Christ martyr, c'est le Rédempteur glorieux qui est monté au ciel où il est assis à la droite du Père. Et puis, il y a une multitude de saints bariolés, statues grossièrement taillées en plein bois.

D'une voix grêle, cassée, la cloche tinte la messe dominicale; les fidèles arrivent, les femmes en mantille; tous s'agenouillent, se signent avec le pouce sur le front, les yeux, la bouche, le menton, la poitrine, suivant le rite espagnol, et dans le silence absolu, nous n'entendons plus que la voix très basse du prêtre à cheveux blancs célébrant l'office.

Cette simplicité, ces assistants venus uniquement pour prier dans cette humble chapelle, me prouvent que la Galice est encore sincèrement religieuse, ne recherche pas seulement les cérémonies extérieures de gala, et nous nous sentons là plus près d'un Être suprême.

Dans la calle de *Santiago*, qui la longe, l'église montre un porche exquis de naïveté, représentant l'Agneau pascal. Nous débouchons sur la plaza de la *Constitucion*; la Constitution, ce fantôme insaisissable que l'Espagne poursuit, sans jamais pouvoir l'atteindre, comme son ombre le chien de Lafontaine.

La place est immense, nue, l'herbe pousse entre les dalles; dans un angle, sous des acacias, des femmes emplissent leurs cruches à une fontaine.

Des demeures vénérables, aux balcons de fer, rappellent un autre âge, et involontairement nous cherchons, sortant d'une ruelle, le comte Almaviva venant offrir une sérénade à Rosine. D'ailleurs, Figaro n'est pas loin, un salon de *barberia* avec, pour enseigne, d'énormes plats en cuivre, nous indique sa demeure.

Devant la porte du palais qui loge les autorités, des soldats causent avec des filles; mais leurs rires se perdent sans écho. A côté, calle *del Parrote*, des maisons de granit sont percées de fenêtres ogivales, antiques palais peut-être, dont la grandeur n'est plus.

Pensive, une sentinelle fait du talon de sa botte sonner le pavé, se promenant à pas comptés le long de la prison où derrière le grillage se devinent des têtes de détenus; et par un arceau, apparaît une partie de la baie radieusement ensoleillée, tableau lumineux se détachant vigoureusement d'un cadre sombre.

Par les remparts que suit un chemin défoncé, nous regagnons la digue le long de laquelle le canot nous attend.

Notre promenade de l'après-midi nous conduit à la *tour d'Hercules*. Nous grimpons au campo de la Leña d'où une route, traversant un faubourg, mène au sommet du monte Alto. Sur un monticule, le phare solitaire dresse sa massive tour carrée, et signale l'approche du port. Depuis les Phéniciens, les Carthaginois ou les Romains qui le dédièrent à Mars, comme l'enseigne une inscription, il écoute le roulement sourd des lames battant furieusement le roc, et le mugissement du vent pendant la tempête.

L'atmosphère est d'une grande pureté après la pluie d'hier ; nettement le panorama se déroule, si ample que nous ne pouvons embrasser d'un même regard les montagnes, la côte, les baies et l'Océan. Il est peuplé d'une flottille de voiles blanches à travers laquelle le bateau du Ferrol, traînant après lui son panache de fumée, se dirige vers le goulet dont très précise se distingue l'ouverture, une tranchée gigantesque.

Un repli du terrain nous masque la vieille ville, mais à nos pieds la Pescaderia toute pimpante couvre l'isthme très marqué par la plage *del Orsan*, une faucille d'or sur un champ d'azur.

Empêchés hier par le temps de rendre

visite au consul, nous ne voulons pas la différer davantage ; notre représentant est absent pour la journée, et nous déposons nos cartes.

Il y a foule de promeneurs, le soir, calle Real ; mais une fête populaire de quartier, dont nous entendons la musique, nous attire.

La rue, qu'éclairent des guirlandes de lanternes vénitiennes, sert de salle de bal. Un orchestre rudimentaire, juché sur une estrade, joue des polkas, des quadrilles et des valses ; nous ne reconnaissons pas pourtant nos danses pondérées dans ce tourbillon échevelé qui emporte les couples enlacés. Elles ont une grâce tout aristocratique, ces femmes du peuple, s'abandonnant mollement alanguies dans les bras de leurs cavaliers. L'une d'elles, campée dans une pose de statue, la tête rejetée en arrière, le poing sur la hanche, une fleur entre les lèvres, nous décoche, provocante, un regard de sa prunelle de feu. Dieu s'est fait homme, soit, le diable s'est fait femme ; nous sommes disciples de saint Antoine et ne nous laissons pas tenter.

Avant de regagner le *Béniguet*, nous nous asseyons un instant devant l'Alameda, à la terrasse d'un café du dernier genre. A côté de nous, des garçons, très corrects dans leur habit bleu à boutons d'or, se tiennent à la porte d'un cercle, et nous avons la sensation d'être dans une ville fort actuelle.

Sur la promenade, des veilleurs passent enveloppés de longues houppelandes, une canne à la main, un revolver au côté, une lanterne accrochée à une ceinture de cuir. L'air est doux, la nuit sereine, et nous éprouvons un bien-être pénétrant qui nous délasse.

VIII

LE FERROL

Le vapeur « Hercules ». — Le goulet et la rade. — La Ville morte. — La calle de Dolores. — Un apprenti marin. — Les Cercles. — Retour à La Corogne.

———

29 juillet 1895.

Au déjeuner, nous décidons de partir pour le Ferrol par le bateau de passage et de revenir le lendemain.

Nous embarquons, à trois heures, à bord du vapeur *Hercules*, où nous avons le plaisir de rencontrer M. Saunier qui gère le consulat, en l'absence de M. Morati liquidant les affaires de celui de Santander.

Fort aimablement, notre compatriote nous présente à une dame de ses amies habitant le Ferrol et qui a l'avantage de parler couramment le français.

Sans encombre nous franchissons la *Marola*, roche dangereuse à cause des remous de courants qui s'y heurtent, venant du fond des baies d'Arés et de Betanzos. Aussi, les marins ont-ils coutume de dire :

> *Quien pasa la Marola,*
> *Pasa la mar toda.*
>
> Qui passe la Marola,
> Passe la mer entière.

L'entrée accore, abrupte, du goulet du Ferrol s'ouvre entre les rocs nus des pointes de Segaño et de San Carlos, versants des monts Faro et San Cristobal.

Le site est admirable, et la passe encaissée, étroite, profonde, longue d'un mille et demi, rend imprenable cette unique position naturelle. Deux forts seulement la défendent : le château de *San Felipe* datant de Vauban, et celui de *la Palma*, récent, mais qui semble incomplètement armé.

« Près de là, me dit le capitaine de l'*Hercules*, un croiseur anglais s'est échoué dernièrement, ayant voulu, par fanfaronnade, évoluer sans écouter les conseils du pilote.

Le renflouage a coûté vingt-cinq mille livres sterling. Quant aux Allemands, ils ont mouillé au large. Nous n'aimons pas ces deux peuples, ils nous ont fait trop de mal. »

Les pointes del Bispon et de Redonda doublées, nous entrons dans une rade splendide, merveilleusement protégée, un lac de cette Suisse espagnole, s'enfonçant, sur une longueur de quatre milles, jusqu'à l'embouchure du rio de Jubia qui vient mourir sur une plage de sable. Au bord des anses qui s'échancrent dans le rivage, sont semés des villages : Mugardos, Seixo, à droite; à gauche, La Graña, le meilleur mouillage du havre.

Entouré d'une ceinture de fortifications, le Ferrol s'offre à nous, avec la haute muraille de son arsenal, sa caserne d'infanterie, grand édifice carré, ses magasins, ses chantiers; sa physionomie a l'austérité et la froideur du grand siècle.

Avant de débarquer, la dame, dont notre représentant de la Corogne nous avait fait faire la connaissance, nous présente à un officier de marine. Ce monsieur met à notre disposition un cicerone qui va se munir de l'autorisation nécessaire pour visiter le port de guerre et nous rejoindra à l'hôtel.

Non sans exciter la curiosité des habitants, nous reconduisons chez elle M*me* X..., dont nous prenons congé. Un de ses domestiques nous conduit calle Real, à la *Fonda Suiza*, et je note le désintéressement de cet homme qui refuse toute gratification.

On nous loge dans une chambre immense, sale, noire, et déjà nous comptons les heures qui nous restent avant le départ.

Notre cicerone ne revenant pas, nous allons chez le vice-consul; il est absent et ne rentrera qu'à sept heures. Nous reviendrons, et, en attendant, nous nous lançons à l'aventure dans la ville morte.

Le Ferrol est un port de guerre, sans commerce, sans industrie; sur ses trente mille habitants, pas un Français. Son existence ne date pas de loin; avant 1730, ce n'était qu'une bourgade, à l'abri de laquelle étaient venus se réfugier, par hasard, les débris de l'*invincible Armada*. Philippe II voulut entreprendre des travaux, créer une place importante, mais la décadence de la monarchie espagnole laissa, pendant deux siècles, dormir le projet que Charles III reprit et exécuta.

L'arsenal est fort bien outillé; on a fait venir un matériel complet d'Angleterre, il y a dix ans, mais il ne sert pas. Il est seulement entretenu pour occuper les ouvriers, ne pas les laisser mourir de faim; et cependant, le nécessaire existe pour construire, sinon des cuirassés, du moins des croiseurs.

Du haut de la terrasse d'où nous considérons cet arsenal, nous ne voyons que deux navires dans la darse. Des magasins, aucun bruit ne monte; rien qu'un silence lourd et pesant, là où devraient se concentrer les forces vitales du pays.

Et dire que ces Espagnols ont occupé la moitié du monde! Mais l'incurie perd ces gens d'action, trop gâtés par la nature. Patriotes! ils le sont heureusement, et ce fanatisme presque religieux qu'ils ont pour leur sol explique seul leur existence comme nation : « Quand bien même nous devrions abandonner nos vêtements et jusqu'à notre chemise, jamais nous ne céderons Cuba », me disait le capitaine du vapeur.

Comme La Corogne, le Ferrol se compose de deux villes. Nous voyons d'abord la vieille, aux masures sordides, aux ruelles caillouteuses. Dans l'une d'elles, nauséabonde, des peaux de mouton sèchent parmi des loques; des poules picorent et des porcs se vautrent dans la fange; au fond, la croix d'une église se dresse au dessus de cette pourriture.

Au milieu de champs de maïs, de pommes de terre et de choux, nous suivons les murs d'enceinte écroulés, avec des meurtrières vides. En rade, un navire anglais en avaries, l'*Hercules* et deux frégates soulignent la solitude qu'un rayon de soleil ne parvient pas à égayer.

Partout le délabrement, la ruine, la désolation ; une maison détruite par un incendie étale navrant son cadavre calciné. Des bicoques petites, basses, nous rappellent des intérieurs de navires ; à une fenêtre, pend un rideau, poème de déchirure.

Un réverbère sans lampe nous annonce la nouvelle ville qui a avorté pour avoir voulu naître trop vite. Nous traversons les *manzanas*, îlots esseulés de maisons vides, aux contrevents raccommodés grossièrement avec des morceaux de bois, aux vitres cassées, aux balcons où manquent les balustrades ; d'autres constructions restent inachevées, livrées à l'abandon, les murs parfois à peine sortis de terre ; l'herbe a poussé comme en rase campagne, et avant même d'éclore, la vie a été étouffée.

Les rues, se coupant à angles droits, s'allongent interminables et solitaires, tel un damier immense. Une seule femme à son mirador, laisse errer dans le vague son regard pensif ;

une fontaine, ce lieu de réunion si mouvementé d'ordinaire, n'est ici fréquentée que par nécessité; et à une église sonnent six heures qui, dans ce calme, retentissent étrangement vibrantes, presque insolites.

Nous nous engageons dans la calle de *Dolores*. Oh! qu'elle est bien nommée cette rue des Douleurs! Qu'elle est bien l'expression de cette population de marins et de soldats vivant dans l'inquiétude, ou le regret d'un être aimé. Sur le trottoir, en effet, un vieux maître de la flotte lit des nouvelles d'un absent; des femmes l'entourent, écoutant anxieuses; de tout petits se pressent contre elles dans un besoin de protection, de plus étroite union, car chaque jour les vides se creusent; et je remarque que sauf le lecteur, pas un homme n'est là. La lettre est du père, peut-être, enlevé aux siens pour aller se battre à Cuba; est-il vivant encore?

Nous allons toujours, à pas lents, accablés de mélancolie, à travers les longues rues mornes, et comme nos pensées, le temps est gris.

Nous arrivons à l'Alameda; elle est belle, verte, les allées sont larges, et nous trouvons la gaîté et la vie avec les fleurs, les jardins et des enfants bien mis qui s'amusent.

Sur la promenade, la statue d'un amiral porte cette inscription : « *Al excelentisimo Señor don Victoriano Sanchez Barcaiztegui, hijo del Ferrol, el Ayuntamiento.* » Des apprentis marins d'une douzaine d'années nous examinent ; je sens chez eux une curiosité froide, réservée, presque hostile. L'un d'eux s'enhardit, s'approche de moi et murmure : « *Inglés?* » Je réponds : « *Non, Francés.* » Alors la figure du gamin s'éclaire, il appelle ses camarades, nous montre la statue avec force détails ; il est dans la joie, et l'air crâne, la voix claire, les yeux brillants, il jette ce défi : « Français et Espagnols amis, battront les Anglais. » Chez cet enfant, je sens déjà vivace la haine pour l'ennemi héréditaire.

La cathédrale moderne, le marché propre, bien bâti, entouré de grilles, nous donnent enfin l'illusion d'une ville qui sent le besoin d'exister, même de se développer.

A sept heures et demie, nous retournons chez le vice-consul ; grand, gros, le type de l'Espagnol insouciant, bon vivant : « Je suis vieux, nous dit-il ; j'ai quelques rentes, j'en jouis. Je voyage, j'ai visité toutes les principales *poblaciones* de l'Europe. Je représente six nations : France, Russie, Belgique, Italie, Grèce et Japon ; mais j'ai des employés, moi je ne travaille plus. » Il paraît très touché de notre visite et nous donne rendez-vous pour le soir.

A l'hôtel, deux surprises nous attendent : une meilleure chambre sur la calle Real, et un dîner confortable avec bouillon gallego sans lard rance. A table, nous reconnaissons un compatriote à sa façon de boire le vin qu'il mélange avec l'eau dans un grand verre, et la conversation s'engage.

Nous retrouvons notre représentant, à neuf heures et demie, et il nous montre les trois cercles principaux du Ferrol.

Le cercle des jeunes, le mieux, se trouve en bas de la fonda; il est neuf, luxueux, très fréquenté. Le plus ancien date de 1843; un peu râpé, triste, solitaire, ce lieu de réunion des vieux; nous n'y rencontrons que le colonel d'infanterie de marine. Enfin le troisième, le club des commerçants, est décoré avec un parfait mauvais goût; le grand salon, orné de glaces, ressemble assez à celui d'une maison de tolérance.

Tous sont éclairés à la lumière électrique; on joue aux cercles des jeunes et des commerçants; celui des vieux, d'où le jeu est proscrit, semble péricliter.

Quelques silhouettes, entrevues de loin en

loin à la lueur tremblotante des becs de gaz, contredisent l'assertion de notre hôte nous ayant affirmé que la ville était vivante. Nous achevons bientôt notre promenade et rentrons nous reposer.

Onze heures et demie; il pleut, la rue est vide; une tête de femme se montre à la fenêtre d'en face et disparait aussitôt.

Mardi 30 juillet.

Dans l'hôtel, des cris et du bruit; on y va et vient comme dans un moulin; les garçons entrent dans les chambres sans frapper et laissent les portes ouvertes.

A huit heures, un homme se précipite chez nous en coup de vent; c'est le guide que nous avions vainement attendu hier. Il brandit la permission de visiter l'arsenal, et pour nous la remettre il court après nous depuis la veille, nous dit-il; il est tellement essoufflé que nous le croyons aisément. Nous ne différons cependant pas notre départ: nous avons assez du Ferrol.

Il vente grand frais, mais l'*Hercules* se comporte à la lame beaucoup mieux que ses passagers; une jeune femme se pâme dans les bras de son mari qui, très pâle, paie son tribut par dessus l'épaule de sa compagne. La brise fraîchit encore l'après-midi ; les cataractes du ciel sont déchaînées et le *Béniguet* reste à l'abri du port de La Corogne.

Nous en profitons pour aller remercier M. Saunier de la recommandation qu'il a bien voulu nous donner hier. Notre représentant, ingénieur d'une compétence rare, dirige ici l'usine à gaz et en a, nous dit-il, fondé d'autres à Gijon, au Ferrol, à Vigo, pour le compte de la même Compagnie qui, je le note, est française.

Il nous apprend en terminant que la principale occupation des consuls de La Corogne consiste à rapatrier les équipages des navires naufragés dans les parages de Finisterre.

C'est qu'en effet, pendant l'hiver, ces côtes de Galice sont terribles, comme celles de Bretagne, d'Écosse et de Norvège. Toutes elles limitent à l'ouest la vieille Europe, et la nature les a créées de solide granit pour leur permettre de lutter et de se défendre contre les fureurs de la grande agitée.

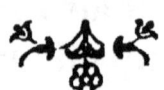

IX

IX

DE LA COROGNE A SANTANDER.

Adieu vat! — Le feu du cap Prior. — La pointe de las Aguillones. — La « Maria Cristina ». — Le cap Peñas. — Jesus, y adentro!

Mercredi 31 juillet 1895.

Ce matin, nous voyons à La Corogne la ville de bains : une belle plage enfoncée dans la baie del Orsan, et peu animée, comme nos grèves de Bretagne avant l'ouverture de la saison.

Dans l'après-midi, le temps s'embellit; rien ne nous retient plus; vers deux heures nous virons l'ancre et *adieu vat!*

Nous louvoyons avec jolie brise de nord; la mer est grosse, mais bien appuyés nous

nous élevons sans fatigue sur la crête des longues lames creuses, d'un bleu de Prusse.

Le soir venu, le vent calmit et nous tanguons lourdement au milieu des barques de pêche dont les feux semblent des étoiles tombées du ciel sur l'Océan.

Le phare du cap Prior ne brille guère plus qu'une torche de résine; pendant une heure, il disparaît bien que nous soyons dans la limite de son secteur. A minuit, quand je quitte le quart, nous nous trouvons à sept milles dans le noroît du cap; la lune voilée ne montre qu'une lueur de veilleuse et la houle nous ballotte.

Jeudi 1er août.

Toute la nuit une fraîcheur du N. N. O. nous permet de gouverner; mais au lever du jour, la brise s'accentue, et nos voiles bien gonflées nous marchons à belle allure.

Sous le soleil qui étincelle, toute la côte estompe son profil de nuage, et les découpures des hautes ondulations tranchent sur l'azur du ciel qu'une légère vapeur rend plus profond encore.

A onze heures et demie je relève, à cinq milles dans le Sud, la *punta de las Aguillones*.

En avant, une chaîne de noirs rochers pointus défendent la falaise, Titans pétrifiés et maudits, expiant là je ne sais quelle faute. Ils sont placés en éclaireurs de première ligne pour recevoir les assauts de l'Océan qui sans cesse lime, aiguise, acère leur mince fétu granitique, se joue avec eux, et les engloutira, châtiment dernier.

Je donne alors la route à l'E. S. E., pour aller doubler le cap Peñas distant de quatre-vingt-dix milles. Rapidement le rivage défile : le mont Varés, la pointe verte de la Estaca, l'île de Coelleira et des baies innombrables qui se creusent dans la sombre profondeur de la terre.

A toute vitesse maintenant nous courons sur la mer ; sur l'étrave l'eau jaillit avec un bruit de cascade dont les gouttelettes piquent le flot bleu. Le sommet des lames qui s'écrêtent, a des transparences d'émeraude s'alliant, chatoyantes, au diamant limpide d'écume blanche.

Pourquoi le temps me semble-t-il plus clair, plus riant ? Peut-être parce que nous nous rapprochons de France, et pourtant s'efface le pays de Galice, où j'ai vécu des impressions si troublantes.

A sept heures un paquebot énorme, à

quatre mâts, nous rattrape; il change sa route, vient nous reconnaître : c'est la *Maria Cristina* de Barcelone. Nous échangeons le salut au pavillon; des deux bords, bonnets, mouchoirs et serviettes s'agitent, puis le steamer s'éloigne et disparaît bientôt.

Un nuage s'est levé au large, couvrant d'un linceul l'Océan ; lui, comme vaincu, s'est calmé, le vent est tombé et il règne un recueillement plein d'angoisse.

La nuit nous amène la brise de terre, et nous glissons sans secousse avec une vitesse de huit nœuds. Ainsi que tous les soirs les groupes se forment à l'avant, les conversations s'engagent et chacun conte ses voyages, ses aventures, ses tribulations, dans cette langue naïve, pittoresque et colorée que savent parler les marins. A minuit nous sommes par le travers du cap Busto, à trente milles de Peñas.

Vendredi 2 août.

Nous doublons à cinq heures du matin le cap *Peñas*, plateau bas et rocheux qui, comme un dard de serpent, pointe en avant des montagnes ténébreuses. Je fais venir sur tribord, à l'E. S. E. 1/2 S., pour attaquer le cap Mayor, entrée de Santander, dont quatre-vingt-douze milles nous séparent.

Nous avons décidé de brûler l'escale de Gijon, port mal défendu contre la houle du large, où le ressac continuel pourrait nous faire talonner sur le fond de roches et nous occasionner des avaries.

Sous une forte brise de N. O. l'Océan se gonfle, sa surface se plisse de rides, et quand passe une risée, on dirait une peau de vieille grelottant la fièvre. La mer d'un bleu noir, le ciel d'ardoise, se confondent avec la terre obscurcie; le vent siffle dans les cordages sa longue plainte de chien hurlant la mort, et les lames qui nous pourchassent se brisent et s'étalent en plaques d'écume bouillonnante.

Nous forçons de toile pour arriver au port dans la soirée; nous rehissons le flèche amené le matin, et le bateau souqué tressaille et s'enlève, tel un oiseau à qui il aurait poussé des ailes.

A quatre heures nous reconnaissons devant nous, grisé encore dans le lointain, le cap Mayor. L'entrée de Saint-Martin de la Arena s'échancre entre deux pics; une bande de sable rouge paraît au pied de l'un, comme si dans son flanc on avait taillé une tranche saignante.

Le cap *Mayor* se dessine plus précis; barre rigide il s'étire tout droit jusqu'à son extrémité, une tête démesurée avec un nez busqué, et solitaire se dresse la tour du phare.

Nous nous dirigeons vers la baie de Santander, dans le fond de laquelle monte un gigantesque entassement de sommets embrumés. Au large le ciel est embrasé et le soleil, caché derrière un nuage, darde un faisceau de haubans.

Nous distinguons nettement les tranches stratifiées du cap Menor; l'île de Mouro avec son phare, une sorte de batterie flottante; puis la tache jaune des bancs de sable; enfin, terminant la côte, les promontoires aux pentes abruptes, qui s'estompent de plus en plus dans l'éloignement.

A sept heures et demie nous doublons le cap Mayor, qui semble alors un lion couché les pattes en avant, méprisant les fureurs de l'Océan. Les villas du Sardinero s'étagent sur une colline verdoyante; déjà la nuit étend son ombre plus mystérieuse encore dans ce lieu inconnu, et les phares brillent de leur clarté tutélaire.

Ainsi que ne manque jamais de faire un patron de barque, en franchissant la barre, je jette l'invocation traditionnelle : « *Jesus, y adentro!* — Jésus, et maintenant pénétrons! »

Aujourd'hui la barre est invisible, aisément nous dépassons la pointe del Puerto où brille un feu vert d'espérance et près de laquelle la roche *Horadada* se perce à jour. Nous tirons quelques bordées dans la baie tranquille; les lumières de la ville alignent leur traînée le long des quais; des navires, dont les fanaux piquent la nuit d'étincelles, silhouettent leur vague profil; et à huit heures et demie, l'ancre tombe auprès de la *Maria-Cristina*, le paquebot rencontré hier.

X

SANTANDER

Aspect de la baie. — Un instantané. — La ville. — La cathédrale. — Le « Cabo Machichaco ». — Le Sardinero. — Le Paseo. — Une course de taureaux. — La fuente del Francés.

Samedi 3 août 1895.

Au jour levé, nous nous rapprochons et venons nous ancrer devant Santander.

Vue de la rade, la ville a grand air ; de très beaux quais s'allongent bordés de belles maisons, et la partie haute s'étage sur une colline verte. Des magasins, des entrepôts, s'étendent au loin, et le long des *Muelles de Maliaño* conquis sur les lagunes, des navires nombreux chargent ou déchargent.

A gauche un piton isolé pointe, aigu comme

un pain de sucre ; au fond de la baie, montent en amphithéâtre les plans successifs de la montagne puissante. Les premiers contreforts sont cultivés, semés de taches de calcaire rouge, comme si la terre avait saigné ; puis les seconds gradins s'élèvent plus arides jusqu'aux derniers à peine visibles, une ligne brisée de cimes neigeuses.

En face de Santander, le paysage tourmenté creuse des gorges profondes et sauvages, au milieu d'un chaos pressé de sommets qu'on sent devenir de plus en plus inaccessibles.

La Santé ne venant pas à bord, nous allons vers elle ; c'est une infraction à la loi, mais nos papiers sont en règle et les difficultés sont aplanies.

Au consulat, où nous nous rendons d'abord, nous sommes reçus par notre représentant, M. Morati, d'une extrême distinction, d'esprit très parisien ; ses yeux bleus clairs au regard scrutateur se voilent parfois d'un nuage de tristesse. Il nous explique que le poste de Santander va être supprimé et remplacé par une agence. Nous avons cependant ici de gros intérêts qui se chiffrent par une trentaine de millions, et nous possédons des usines de pétrole, de gaz et de cirage.

Santander est la tête de ligne de grands

paquebots; le port accessible aux bateaux de tout tonnage est sûr, bien abrité, sauf des vents de sud, soufflant parfois si ter. les que les navires ne peuvent tenir au mouillage et sont forcés de se réfugier dans les bassins dont on est en train d'augmenter le nombre.

La ville se compose de l'ancienne et de la nouvelle; dans cette dernière les façades seules sont en pierre, le reste est construit en bois. Aussi les incendies sont-ils fréquents, il faut en compter un par jour; le corps des pompiers est en conséquence admirablement organisé, à l'instar de ceux des grandes cités américaines.

L'hiver, la gaîté manque; mais l'été, à cause des bains de mer du Sardinero, il règne assez d'animation. On rencontre à ce moment quantité de désœuvrés qui promènent leur ennui : tel un duc de Madrid riche à millions; mal habillé, dégingandé, il traîne pendant des heures son grand corps, sans trouver à distraire son cerveau vide; il ne prend d'intérêt qu'aux courses de taureaux.

Nous retrouvons sur le quai un personnage que ses fonctions avaient mis en rapport avec nous, et dont nous avions été forcés d'accepter un rendez-vous. Il est accompagné d'un de ses amis, homme blond du Nord, grand gaillard, bon garçon et bon vivant.

Notre personnage nous emmène au *Yacht-Club* fort bien installé du reste, et nous fait voir la salle du crime, ainsi qu'il appelle la salle de jeu; mais nous restons insensibles à cette avance insidieuse. Il nous offre alors des rafraîchissements et nous porte un toast auquel nous répondons avec réserve.

Une veste courte et un pantalon collant habillent son corps maigre et nerveux, de taille moyenne; sous le sombrero à larges bords luisent des yeux perçants au regard tranchant. L'air insolent, il parle avec morgue, agit avec sans-gêne et désinvolture; il nous traite dès l'abord en camarades.

Il a couru toute l'Europe; parle nombre de langues avec facilité. Souple et insinuant, il connaît tout le monde, affecte d'être du dernier bien avec tous, ce qui d'ailleurs est la réalité apparente. Son frère a été alcade, et l'alcade actuel, qui prend ici le titre d'Excellence, le salue très bas de sa voiture, lui est à pied. Il est tout et n'est rien, nous avoue-t-il; il rassemble en effet les fils de multiples intrigues, tire la ficelle et fait mouvoir une foule de pantins, quand besoin est. Comment les tient-il? Mystère, mais les autres cèdent et obéissent. Fine lame acérée, vrai dard prêt à piquer.

Il se met à notre disposition pour nous accompagner partout et toujours, et nous procurer tout ce que nous désirerons. A quoi pourrons-nous lui servir? Je ne sais, mais nous lui serons utiles, car il ne fera rien pour rien. Nous nous tenons sur nos gardes; moi je suis de glace; l'ami J. R... plus diplomate fait l'anguille, lui glisse entre les doigts et lui laisse habilement comprendre que nous préférons recueillir seuls nos impressions.

Ne voulant pas demeurer en reste de politesse, nous recevons à bord son ami et lui. Tenu à distance par notre correction froide, il est irréprochable. Comme le puntillero aux courses de taureaux, J. R... lui donne le coup de grâce en lui disant adieu, car nous n'aurons pas occasion de le revoir. Il comprend qu'il ne pourra rien de plus obtenir de nous et se retire. Nous nous débarrassons ainsi de ses assiduités fâcheuses; nous sommes dégagés sans avoir laissé prendre barre sur nous.

Santander ne répond pas aux espérances que fait naître sa belle façade; c'est une riche bibliothèque, où figurent seuls des dos de livres. Paraître sans être, ce trait est typique;

un homme aura cent mille francs, il les dépensera en une année, déployant un luxe effréné, traitant magnifiquement ses hôtes ; puis ruiné, il ne craindra pas de venir montrer ses coudes percés et tendre la main à ses connaissances avec la même aisance fière qu'il avait à les recevoir.

Les quais sont superbes, vastes, ornés de squares bien plantés ; la vue s'étend librement sur la rade, les collines couvertes de prairies et l'immense cirque de montagnes ; on a su tirer parti d'une magnifique situation. Mais derrière, hélas ! il n'y a rien ; de larges voies, aux constructions anglaises avec bow-windows, s'alignent dans la partie récente ; dans l'ancienne, des rues insignifiantes sont surtout espagnoles par l'odeur de friture à l'huile ; calle de *San Francisco*, nous retrouvons cependant le cachet national.

L'intérêt principal se concentre sur la cathédrale. Dans la montueuse calle *del Puente*, sous un escalier de la Renaissance aux riches balustres, s'ouvre un tunnel gothique, à l'aspect de cloître. Sur le côté, une petite porte donne accès dans la *capilla del Cristo*, une crypte romane dont les voûtes basses, les faisceaux de piliers trapus, supportent l'église supérieure. Devant l'autel de

la Vierge, au dessus duquel se lit cette devise:
« *Yo soy la Madre del perpetuo socorro* », une
femme se tient immobile comme une statue
de cire; dans le fond ténébreux deux cierges
à la lumière tremblotante éclairent un autre
autel; et je songe aux premiers âges du
Christianisme, où pour prier, les croyants de
la religion nouvelle se réfugiaient dans des
souterrains.

Nous gravissons la rue qui passe sous la
haute tour carrée de l'église, une sorte de
donjon, et parvenons à la basilique d'en haut,
à trois nefs ogivales de la première période.
Cette cathédrale est à elle seule, dans son
ensemble, l'histoire du Catholicisme débutant
dans l'obscurité des catacombes, et finissant
par dresser à la face du monde des édifices
splendides, géniales épopées religieuses.

Le long du quai, sur un appontement
calciné, sont entassés des lambeaux de tôle
déchiquetée, véritable charpie de fer, les débris
du navire le *Cabo Machichaco;* et l'horrible
catastrophe du 4 novembre 1893 me revient à
la mémoire.

En rade le vapeur brûlait; le capitaine, au
lieu de le couler, demanda du secours. Interrogé s'il avait des marchandises dangereuses
à son bord, il répondit qu'il n'en avait plus.

Le bâtiment fut conduit à un wharf; les autorités et les secours arrivèrent quand brusquement une explosion formidable retentit : chargé de dynamite, le *Machichaco* venait de sauter. Vingt-cinq maisons prirent feu, la ville fut transformée en charnier humain, du gouverneur de la province on ne retrouva que la canne à quatre kilomètres de distance; cinq cents personnes avaient été tuées, plus de quinze cents blessées. Dix plus jours tard une nouvelle explosion au fond de l'eau faisait parmi les scaphandriers vingt victimes nouvelles. Alors on fit évacuer la ville; pendant trois jours, peuplée seulement de cadavres, elle fut un immense cimetière désolé, livré à l'abandon morne; et trente-trois torpilles anéantirent l'épave meurtrière.

Cette effroyable catastrophe frappe encore les esprits; le nom du *Cabo Machichaco* est sur toutes les lèvres, revient dans toutes les conversations. Mais là encore, je retrouve bien une marque distinctive du caractère espagnol. Il tire gloriole de cet épouvantable événement; quand il le rappelle c'est presque avec orgueil, avec vantardise. Les autres nations parlent d'accidents de chemin de fer, d'inondations, d'incendies, de tremblements de terre; il a mieux à offrir à la compassion, à la stupéfaction universelle : un cataclysme sans précédent.

Un petit tramway à vapeur, bondé de monde, nous conduit en un quart d'heure au Sardinero, grand bain de mer classique, banal et couru. Il se compose de deux plages : la première appartient à la haute société ; la seconde, plus grande, est abandonnée au peuple. Une seule *hospederia* y a installé son abri provisoire de baraquement en planches. Sur une galerie s'ouvrent des cellules dont deux lits, une table servant aussi de toilette, et quelques chaises, composent l'ameublement ; étendus sur la balustrade, sèchent des draps qui ne donnent guère envie de s'y coucher. Des femmes se baignent, se déshabillant en plein air, et, sans fausse honte, se montrent dans un appareil des plus légers.

Nous traversons un bas-fond marécageux, et gravissons des vallonnements de plateaux déserts. Quelques masures sont éparses dans ces solitudes où nous ne rencontrons que deux laveuses blanchissant leur linge dans une flaque d'eau, et une fillette qui chante une complainte navrée d'une voix métallique et rauque.

Nous parvenons ainsi au sommet d'une crête qui surplombe la mer. Limitant la côte, à gauche, le cap Mayor rongé, lézardé, creusé de cavernes, profile sa découpure bizarre; à droite, le cap Menor superpose les tranches polies de ses roches schisteuses; puis, par delà la pointe del Puerto, la baie s'échancre profondément et derrière l'île esseulée de Mouro, les autres promontoires du littoral, frangés de bave blanche, s'allongent dans l'Océan. Il s'étend gris sous un ciel gris, son sein palpitant à peine, et dans la vaste plaine mouvante, un courant semble un chemin tracé. Du côté de la terre, le massif montagneux lève sa gigantesque muraille de cimes couronnées d'épaisses nues d'ardoise; les pentes s'abaissent ensuite et sur un coteau qui verdoie, le Sardinero, seul coin gai, essaime la blancheur de ses maisons neuves aux toits de tuiles rouges.

Nous avons vu la baie superbe et charmeuse de Vigo, la gracieuse de Pontevedra, la large de Carril, la splendidement protégée du Ferrol; celle-ci est grandiose, immense, sévère sous ce jour triste, et nous entendons le roulement sourd des vagues venant écraser leurs volutes contre la falaise qu'elles minent.

Le soir, sur le *Paseo*, autour du kiosque où joue la musique, on tourne toujours dans le même sens, par arrêté municipal. C'est le lieu de rendez-vous, la promenade des gens du monde comme des grisettes, et le flirt y fleurit comme l'aubépine au printemps.

Le ciel est nuageux, une lune blanche éclaire d'une lueur falote la rade laiteuse, le paysage plus imposant encore dans la nuit, et des fantômes de montagnes dressent leurs sommets très noirs.

Dimanche 4 août.

Santander est en liesse aujourd'hui, à cause de la course de taureaux où doivent combattre *Luis Mazzantini* et sa *cuadrilla*. Les tramways, les voitures, les coches, pris d'assaut, les piétons en rang pressés, se dirigent tous vers une destination unique : *la plaza*. Point n'est besoin de demander notre chemin, nous n'avons qu'à suivre la foule. Nous montons l'Alameda, belle avenue de platanes et de peupliers de Caroline, où s'est installée une foire qui se placerait aussi bien soit à Neuilly, soit à Bordeaux, et nous arrivons au cirque une demi-heure avant le commencement de la *corrida*. Nous prenons la précaution d'acheter à la porte, pour une demi-peseta, des coussins peu rembourrés, mais plus moelleux que la pierre des sièges.

L'arène, aux gradins de granit et aux loges de bois, contient dix mille places qui seront bien vite garnies. D'une voix dolente, des femmes clament *agua* et *fuego*, l'eau et le feu, éléments indispensables, car on ne saurait se passer ni de boire ni de fumer.

Certes, il y a ici un mouvement intense, un brouhaha de voix, des interpellations, des sifflets stridents, des ombrelles qui s'agitent, mais je ne retrouve pas la couleur éclatante des plazas d'Andalousie, les mouchoirs voyants, les éventails multicolores, les jupes rouges et jaunes, les señoras en mantille blanche, la rose rouge piquée dans les cheveux.

Le peuple trépigne, demandant le spectacle; comme jadis au Romain, *panem et circenses*, il faut à l'Espagnol ses loteries et ses courses.

A quatre heures et demie sonnantes, le président fait son entrée, jette de sa loge aux alguazils la clef du *toril*, et le défilé de la cuadrilla vient le saluer : *Cæsar, morituri te salutant.*

La boucherie des chevaux est, j'en conviens, une barbarie, ainsi que me le disait une fois un de mes voisins; elle est cependant nécessaire pour griser, aveugler et fatiguer le taureau. Mais combien est intéressant et gracieux le jeu des *banderillas* où des hommes en habits de fête viennent, le sourire aux lèvres, se jouer avec crânerie entre les cornes du taureau, et lui piquer adroitement sur l'échine le dard enrubanné. Quant à l'*espada*, il engage un duel dans lequel il risque sa vie ; le dimanche précédent encore, Bonarillo fut grièvement blessé.

La lutte est loyale ; une fois dans le cirque, le taureau n'est plus un animal vulgaire, c'est presque une personne, c'est l'ennemi qu'on frappe par devant, mais qu'il est interdit d'insulter. Aussi bien chez la bête que chez le *torero*, le courage est applaudi, la lâcheté conspuée. Cette fois, à sa sortie du toril, un taureau hésite, se rebiffe ; il est hué, sifflé, une avalanche d'objets pleut sur lui. Brusquement, comme exaspéré de passer pour un poltron, il se ravise, fonce sur un cheval, l'éventre, en pourchasse un autre qu'il étripe, et les bravos éclatent frénétiquement.

Luis Mazzantini soutient vaillamment sa réputation de première épée. Bien qu'ayant dépassé la quarantaine, il joue, malgré son embonpoint, seul avec le taureau, faisant voltiger l'étoffe écarlate de sa *muleta* devant la bête furieuse. Il désire n'avoir personne autour de lui; sa témérité manque lui coûter cher, mais un écart savant lui fait éviter le danger.

Après en avoir demandé, suivant l'usage, l'autorisation au président, il tue non sans difficulté les six taureaux; il s'y reprend même à trois fois avant d'étendre l'un d'eux à ses pieds. Les animaux sont de petits andalous, nerveux, pétillants, qui bondissent comme des chèvres et se jettent de côté, déroutant toute tactique.

A la fin de la corrida, l'arène est envahie; chacun veut avoir une banderille, toucher le taureau, entourer l'espada, lui offrir à boire.

J'ai remarqué l'ordre qui n'a cessé de régner; personne ne cherche à gêner son voisin; si dans un élan d'enthousiasme, dans un mouvement de curiosité, les spectateurs se lèvent, à la première invitation, ils se rasseyent aussitôt. A un moment donné, un homme, ayant jeté un banc à la tête de Mazzantini, est hué et expulsé sur-le-champ.

Une course produit environ trente-cinq mille francs de recettes; les dépenses s'élèvent à vingt-deux mille : soit dix mille francs à la cuadrilla, dix mille francs d'achat de taureaux, deux mille francs de chevaux; la différence est pour le propriétaire de l'arène.

Quand nous sortons de la plaza, le temps est sombre, presque frais, et malgré son animation la ville nous semble triste; car ici, sans le soleil, la gaîté détonne comme une note fausse.

Lundi 5 août.

A trois heures un train-tramway nous emmène vers Solares. C'est d'abord une longue succession d'entrepôts et de magasins de bois, puis nous traversons d'immenses lagunes. A droite, les *Altos de Lieneres* se découpent dans la limpidité du ciel, et la petite église de *Nuestra Señora de Loreto* s'accroche au flanc du piton de la Peña. Nous arrivons au fond de la baie que nous découvrons tout entière; son eau de lapis baigne les sables dorés et la pointe del Puerto s'avance vers l'île de Mouro.

Des villas se sont groupées à Astillero, près de frais ombrages, et les importantes usines françaises de pétrole Deutsch et Desmarais se sont établies à proximité du rio de *Cubas*.

Nous voici en face de Santander, après avoir contourné le golfe; nous bifurquons alors à angle droit pour nous enfoncer dans l'intérieur des terres. Des taillis touffus de chênes couvrent les premiers gradins de la montagne dont les élévations rocheuses se dressent devant nous.

La gare et le bourg de Solares se cachent dans un entonnoir verdoyant, traversé par la rivière *Miera*. Entre deux rangées d'arbres, le cours d'eau filtre sur un lit de cailloux, et dans le fond un chaos de mamelons dénudés semble une mer houleuse pétrifiée.

Sous une belle allée ombreuse de parc, passent, se dirigeant vers les villages voisins ou vers Bilbao, des diligences et des voitures. Dans l'une d'elles, apparition joyeuse, envolement d'ombrelles et de robes de mousseline, des jeunes filles égrènent des éclats de rire perlés et répondent gracieusement au salut que nous leur adressons.

Parvenus en haut de la côte qui de sa ceinture blanche enlace les escarpements boisés, nous embrassons toute la vallée verte comme une pelouse, avec ses champs de maïs au milieu desquels percent des pointes de rocs. Derrière Solares un pain de sucre se détache en relief sur d'autres contreforts éclairés à contre-jour, et du côté du soleil, c'est une flambée lumineuse : oppositions vigoureuses d'ombre et de clarté vives. Par dessus la plaine, un coin de baie bleue apparaît dominé par le cap Mayor.

Suivant la route bordée de peupliers, nous redescendons, vers un frais vallon, l'autre versant de la colline. Au sommet d'une croupe, une église s'assied, sa tour carrée percée d'une voûte où le ciel d'azur s'encadre comme un vitrail; sur un autre mamelon, s'émiettent les ruines d'un antique castel.

Une plaque indicatrice nous enseigne le chemin de la *Fuente del Francés*. Devant nous une grande maison aux vitres brisées, aux volets disjoints, la « *Nueva Fonda Varsoviana* », est abandonnée; nous poussons une barrière et entrons dans un délicieux parc enchanté. Personne, pas un bruit, les allées sont désertes, une maison mauresque est close et nous marchons en plein conte de fée.

D'une voûte rocailleuse où des arbrisseaux enfoncent leurs racines dans la pierre, la fontaine du Français laisse échapper son eau rouge qui dégringole en bruissant au milieu des rochers qu'elle ensanglante. Le ruisseau fuit; sur son lit, des rameaux feuillus se penchent et s'enlacent, l'abritant de leur voûte épaisse que strient des rais de soleil. Nous traversons un pont rustique aux planches vermoulues et nous nous trouvons dans un îlot romantique à travers lequel se faufilent des sentiers moussus.

A travers les branches, un hôtel suisse se montre sur un tertre caillouteux; deux dames nous croisent, maigres et pâlies; alors le charme cesse, la réalité nous saisit, nous sommes dans le jardin de l'établissement thermal où les malades viennent prendre les eaux chlorurées sodiques bicarbonatées très efficaces contre les affections d'estomac. Mais comment ne pas revenir à la santé dans ce lieu paisible, véritable site d'idylle?

De retour à Santander, nous trouvons le quai fourmillant de promeneurs. Comme le chaud soleil transfigure ce pays, perpétuel contraste! Hier c'était novembre avec le ciel gris, aujourd'hui c'est août brûlant avec ce temps de resplendissante lumière.

XI

DE SANTANDER A BILBAO

Le littoral. — La baie de Bilbao. — Le puente Vizcaya. — Portugaléte. — Le Nervion. — La cité infernale.

Jeudi 8 août 1895.

Nous commençons l'appareillage à six heures du matin, mais le calme survient, interrompant la manœuvre; enfin à neuf heures, une fraîcheur vient du suroît, et le jusant aidant, bientôt Santander disparaît.

Nous sortons par la passe de l'Est, entre l'îlot brûlé et miné de Santa Marina et l'île de Mouro. Derrière nous, les maisons aux tuiles rouges du Sardinero jettent une note vive sur le coteau vert tendre; dans l'éloignement l'entrée de la baie s'efface et les plans successifs de la montagne se fondent, ne formant plus qu'une masse très floue, semée par endroits de la tache blanche des névés. Une vapeur légère qui tombait en pluie fine se dissipe et le paysage grandiose sourit à la caresse du soleil.

La mer est plate; poussés par une faible brise d'E. N. E., nous marchons à peine, et j'en profite pour descendre dans le canot photographier le *Béniguet*. Son bout-dehors pointant comme une baïonnette, lentement il s'avance, gracieux et pimpant sous ses voiles blanches gonflées; mais nous le sentons aussi, fort, résistant, capable de se défendre avec ses larges flancs. Et il s'anime, sans doute de la puissance de notre imagination, de l'effort de notre volonté, du souffle de nos désirs et de nos espérances; oui, c'est quelqu'un de vivant qui porte fièrement le pavillon national aux trois couleurs.

A deux heures le cap d'Ajo est doublé. Sous un vigoureux éclairage, toute la côte montagneuse se détache avec une étonnante netteté depuis le cap Mayor jusqu'au cap Machichaco; et c'est un fouillis de cimes dénudées, de bosses rondes, de pics aigus affectant les formes les plus bizarres : des incisives tranchantes, des molaires énormes, des canines acérées, prêtes à déchiqueter les nuages. Les rocs gris des pentes aux pieds abrupts sont zébrés de crevasses et tapissés d'épais taillis de chênes.

A cheval sur une arête de la pointe de Garfanda, se perche le petit village de Noxa, et avant la pointe del Bruxo une église solitaire, entourée de quelques maisons, se perd tristement au milieu des sables ocreux.

Dans le nord-ouest, un manteau noir monte à l'horizon avec des épaisseurs sinistres et mystérieuses, et la mer nous semble se perdre là-bas dans des gouffres sans fond, les abîmes insondables de l'infini que nous ne connaissons pas.

La montagne s'enténèbre, comme teinte d'encre, derrière Santoña dont la falaise paraît creusée à coups de mine, tandis que la pointe de Sonavia frappée encore de lumière est soulignée d'un trait de feu, et que le Machichaco, dernière terre visible, se détache en bleu sombre sur un ciel doré.

A huit heures le calme nous prend, par le travers de l'entrée de Santoña, dont les deux phares piquent l'ombre de points rouge et blanc; du côté de Bilbao les hauts-fourneaux allument des lueurs d'incendie.

Vendredi 9 août.

Je prends le quart à quatre heures; nous n'avons fait que quinze milles durant la nuit de calme et nous nous trouvons à l'ouvert de la baie de Bilbao. La côte, cachée dans le bas par une cotonneuse vapeur, déroule son tracé d'épure. Bientôt, dans l'est-nord-est, les nuages s'empourprent, le soleil lève son disque flamboyant; devant nous, les montagnes de Machichaco et de Villano se violacent et dans l'ouest les rocs de Sonavia se teintent d'un rose tendre se mariant à la sombre verdure des taillis de chênes.

Nous louvoyons dans la baie, avec une faible brise d'est, au milieu d'une flottille de barques de pêche, canot longs, étroits, solides, montés par huit hommes à la mine rude. Nous rangeons la côte ouest plus saine que celle de l'est où la mer déferle sur les rochers débordant la pointe de la Galea, avec un ronflement de train roulant sous un tunnel. Le bateau à vapeur des pilotes, qui croise dans nos parages, nous offre ses services; nous préférons ne pas les accepter et prendre un remorqueur pour passer la barre.

A droite, le mont Serantes dresse son pic

aigu, couronné d'une maison, et sur ses flancs des tas de foin paraissent comme de gros moutons au pâturage. A ses pieds Santurce égrène ses villas ; puis Portugalète s'estompe, avec son pont monumental sur le *Nervion* qui ouvre sa brèche entre deux rangées d'élévations. A gauche Algorta se dessine au dessus de la falaise et Las Arenas groupe au bord de la plage ses chalets neufs, ou les éparpille au milieu d'un bois de pins. Dans le fond du Nervion la fumée des hauts-fourneaux monte en un nuage compact, épaississant encore la brume qui vient de se lever mais ne tarde heureusement pas à s'éclaircir.

La baie ardente et sèche donne l'impression de force sauvage, de raideur inflexible, de dureté brutale; on sent que le sol produit du fer, et si nos yeux sont séduits notre cœur reste fermé.

Une bouée blanche nous signale la digue en construction du nouveau port dont les travaux ont été entrepris par la Société française Coiseau, Couvreux fils et F. Allard. Ce refuge est destiné à abriter en rade les navires, quand les gros temps ne permettront pas l'entrée du Nervion. La passe est en effet tellement étroite, quatre-vingts mètres au plus, que la barre est terrible et que le banc de sable sur lequel elle brise est jonché de carcasses de bateaux. Nous la franchissons à la remorque d'un petit vapeur qui est sorti nous chercher, et rangeons le *muelle de la Churruca*.

Nous passons sous le *puente Vizcaya* exécuté en 1893 par l'ingénieur français Arnodin, réalisant l'idée de l'espagnol Palacio. Deux tours Eiffel supportent à quarante mètres de hauteur les rails sur lesquels glisse un va-et-vient d'où pendent des câbles d'acier; à leur extrémité s'accroche une voiture qui traverse la rivière au niveau du quai.

Des tramways au galop, des trains et des navires lancés à toute vitesse, des services bien organisés, toutes les inventions modernes réunies et utilisées, des usines en travail, une vie, une activité débordantes, voilà qui nous change, et nous pouvons nous croire dans une cité industrielle d'Angleterre.

Nous mouillons du côté de Las Arenas; le remorqueur viendra nous reprendre à une heure pour nous mener à Bilbao, et les formalités de la Santé remplies, nous allons, en attendant, faire un tour dans Portugaléte.

Des maisons hautes avec des arcades, des voûtes soutenant des terrasses étagées sur le versant d'une pente, une gare, une place, une église dominant sur une éminence, un quai avec des maisons luxueuses, telle se présente la petite ville.

Quelques rues montueuses, étroites, caillouteuses, nous ramènent dans l'Espagne colorée et pittoresque ; une *calle*, entre autres, nous rappelle la Galice, avec ses loques pendues, ses étalages primitifs, ses balcons ouvragés, ses auvents en bois sculpté qui ne laissent apercevoir qu'une mince bande de ciel profondément bleu ; et au dessus de l'amas compact des toits de tuiles, émerge l'extrémité des tours du puente Viscaya, pour montrer que le progrès finira par tuer le passé.

L'église, au clocher du xvııe siècle, à l'intérieur d'un gothique un peu saxon, est d'une grande sobriété ; pas de dorures, mais de belles boiseries dans le chœur, et à l'entrée, des bas-reliefs auxquels leur naïveté assigne une date très ancienne.

A deux heures, le remorqueur arrive ; nous manœuvrons pour éviter l'avant au flot, virer l'ancre, et nous voici en route. La rivière est canalisée et sur la digue, se multiplient les lampes électriques à arc ; derrière nous, le mont Serantes pointe, bouchant l'entrée du Nervion.

Nous entrons dans la cité infernale ; les

centaines de cheminées des hauts-fourneaux vomissent des torrents de flammes et de fumées jaunes obscurcissant le soleil; des laitiers tout blancs, comme passés à la chaux, exhalent leurs derniers feux; des grues chargent, des wagonnets roulent; des cales s'emplissent de minerai avec un bruit de tonnerre. Partout de noires cités ouvrières se sont entassées hâtivement, des darses se sont creusées, des ateliers de construction se sont établis. Des lignes de chemins de fer, allant dans tous les sens, venant de toutes les directions, se croisent, s'enchevêtrent, se superposent.

A perte de vue nous découvrons des navires; toutes les nations, l'Angleterre surtout, sont représentées, sans distinction de races; toutes s'oublient, fondues dans la même fièvre dévorante; l'atmosphère elle-même, implacable, nous souffle un air embrasé, et le pont brûle. On dirait que la terre s'est entr'ouverte et que nous nous sommes plongés dans l'effervescent bouillonnement de ses entrailles. Sur la route, des arbres morts tordent leurs branches calcinées, ainsi que des bras suppliants de damnés.

Les *rios Galindo* et *Cadagua* dépassés, nous entrons dans une région plus calme. Couronnant un sommet, un fort carliste détache sa ruine dans une admirable position stratégique. Quel avantage formidable aurait pu en tirer une troupe bien armée et possédant une forte artillerie!

Sur un câble aérien, des bennes de minerai se promènent sans interruption dans l'espace, diablotins dansant une sarabande démoniaque.

Olaveaga, assemblage de vieilles maisons et de constructions récentes, s'aligne le long du Nervion encaissé. Des navires encore se pressent jusque dans Bilbao; à l'entrée, la promenade ombreuse du *campo Volantin* est bordée de coquettes villas, de superbes hôtels particuliers éclairés par des bow-windows et entourés de jardins fleuris, où les industriels viennent goûter le calme et le repos après l'agitation de la fournaise. Dans ce quartier neuf l'*Ayuntamiento* s'est dernièrement bâti dans le goût de la Renaissance.

A trois heures, nous nous amarrons en couple d'un brick-goélette le long de l'*Arenal*, le nez sur le pont d'Isabelle II, devant le théâtre, en plein centre de Bilbao.

XII

BILBAO

Aperçu de la ville. — Le vieux Bilbao. — L'Arenal. — Les mines de la Franco-Belge. La Sociedad Bilbaina. — Le cimetière. — Les Biscayens. — Santa Maria de Begoña. — Le faubourg d'Achuri et le rio Ybaizabal.

Vendredi 9 août 1895.

Bilbao, capitale de la Biscaye, est située dans une cuvette ; dominée de toutes parts des monts d'Archanda au nord, de Morro à l'est, de Maravilla au sud, elle n'a d'autre issue ouverte que le couloir du Nervion dans le nord-est.

Mélange bizarre de passé et de moderne, elle est ensemble une ville de couvents et d'églises, de commerce et d'industrie. A côté de la cité fondée l'an 1300 par Diego Lopez de Haro, une autre a surgi toute récente, cinq fois déjà plus vaste que l'ancienne qu'elle absorbera complètement. La population s'est élevée dans les quatre dernières années de trente-cinq à soixante et un mille habitants.

Toute la portion nouvelle est sillonnée de tramways et de voitures; les voies y sont larges, pavées en bois ou macadamisées, éclairées à l'électricité et abondamment arrosées; il s'y bâtit des hôtels confortables comme le Terminus, des banques, des marchés étincelants de propreté. Nous y remarquons l'église moderne des Jésuites, conçue dans le style gothique hollandais, complètement peinte à l'intérieur de couleurs vives et cependant point criardes.

Les maisons en briques et en fer sont la construction moderne et hâtive; autrefois elles n'avaient pas de caves, car le Biscayen, n'aimant pas les réceptions, n'achetait du vin que pour son usage journalier.

C'est seulement depuis l'Exposition universelle de Paris de 1889, que l'élan d'élégance a été donné. Tandis qu'auparavant on ne rencontrait que de pauvres équipages démodés, à partir de cette époque on vit des voitures du dernier luxe, avec, sur le siège, des valets de pied et des cochers à bottes à revers.

Bilbao est riche ; la Banque a toujours dans ses caisses de quatre cent cinquante à cinq cents millions, ce qui permet l'exécution rapide des projets. Mais il a fallu les autres nations et surtout l'Angleterre, pour donner l'activité, faire sortir de terre le minerai de fer, exploiter ce trésor et donner la fortune au pays.

Par leur faute, les établissements indigènes ne prospèrent pas. On prend, au début, des ingénieurs étrangers, puis on les remercie, une fois l'affaire lancée, les Espagnols s'imaginant pouvoir la mener seuls ; insuffisamment initiés, ils la laissent péricliter.

Le Biscayen est dur, âpre, emporté ; mais il cède vite devant une attitude énergique. Les consuls jouent, à Bilbao, un rôle important et délicat, pour défendre les multiples intérêts en jeu. Nous sommes fort bien représentés par M. Laporte, homme énergique, distingué, rompu aux difficultés et aux exigences de sa carrière. Il vient à peine d'arriver à son poste, et nous le trouvons assis dans un fauteuil au milieu d'une pièce encombrée de caisses non encore défaites. Bien que malade, abattu par la douleur d'un récent deuil cruel, il tient à recevoir ses compatriotes; nous lui savons le plus grand gré de son accueil.

Le point de concentration des affaires, le lieu de réunion des rares flâneurs et des touristes, est sur l'*Arenal* à côté du théâtre.

Nous rencontrons là un Français, M. F.., gros commissionnaire établi à Bilbao, et dont j'avais fait la connaissance lors d'un précédent voyage. Il se met fort gracieusement à notre disposition, et nous donne rendez-vous pour le lendemain.

Quand nous rentrons à bord, nous voyons, accoudés au parapet du pont d'Isabelle, une quantité de curieux admirant le *Béniguet*. Cette foule a, paraît-il, été assez compacte durant la journée pour empêcher la circulation des tramways.

La Direction du port vient nous réclamer des droits de pilotage et de balisage, bien que nous n'ayons pas pris de pratique, usant en cela de la tolérance admise pour les yachts par toutes les nations, même par l'intransigeante Angleterre. Je fais demander, tout prêt à m'y soumettre, s'il existe un règlement spécial pour Bilbao; il m'est répondu que non, mais qu'un monsieur possédant un bateau de plaisance est assez riche pour payer, et je suis contraint de m'exécuter. En revanche, je note que le régime de l'arbitraire et du bon plaisir forme ici la loi; de tels procédés et de tels raisonnements éloignent les mieux disposés et les plus conciliants.

Nous nous promenons le soir dans le vieux Bilbao qui a gardé son cachet et sa tranquillité d'antan au milieu de l'agitation de la ville nouvelle. Les toits forment auvent au dessus des rues caillouteuses qui presque toutes aboutissent au Grand Marché; d'autres, perdues dans des épaisseurs d'ombre, vont, se rétrécissant, butter à une impasse.

L'ancien *Ayuntamiento* à la corniche de bois sculpté et que va détruire la pioche barbare, *Santiago* de style gothique, *San Antonio*, quelques hôtels blasonnés, sont les seuls monuments entrevus au hasard de notre course, et dressent dans l'obscurité leurs silhouettes indécises de revenants du passé.

Des veilleuses brûlent devant des niches de saints; l'un d'eux s'intitule « *San Lorenzo, mártir español* »; je ne savais point qu'on pût monopoliser les bienheureux; la réclame s'étendant même aux martyrs, il fallait notre fin de siècle pour l'inventer. De loin en loin s'ouvrent des boutiques au seuil en contrebas, officines de pharmaciens, cabarets enfumés où des quinquets scintillent avec une clarté trouble.

Soit par patrouilles qui circulent, soit isolément en faction, des guetteurs veillent armés d'une pique, enveloppés de longues capotes, coiffés du béret orné suivant l'usage basque des armes de la ville : un pont, San Antonio et deux loups.

Nous revenons sur l'Arenal brillamment illuminé par des lampes à arc. La promenade fourmille de monde circulant autour du kiosque de la musique; chaque allée marque une classe de cette société cosmopolite où de peuple grouillant et tapageur.

Le *Béniguel* nous semble tout dépaysé et à l'étroit dans le Nervion encaissé, à l'eau souillée. Au milieu du bruit et des lumières indiscrètes, nous n'avons plus la sensation de notre chez-nous intime; la chaleur est lourde, suffocante, et habitués à la brise saine du large, à l'air pur des vastes baies, nous étouffons dans nos cabines.

Samedi 10 août.

A deux heures, accompagnés de M. F..., nous partons de la gare de Portugalète pour le Desierto, où nous devons prendre le train spécial qui nous conduira aux mines de la *Franco-Belge*. Ce matin, en effet, le directeur de cette Société, auquel nous avons été présentés par M. F..., nous a accordé l'autorisation de visiter, et a même téléphoné notre venue à l'ingénieur en chef M. Benoist qui nous rejoint à Luchana.

Nous allons vers la mine, au milieu de croupes fauves ou rouges, dont la terre remuée, fouillée, soulevée, paraît une formidable fourmilière. Un câble aérien, à neuf lignes de bennes, passe au dessus de nous, supporté par des chevalets dont quelques-uns atteignent quatre-vingt-quatre mètres, la hauteur des tours de Notre-Dame de Paris.

La *Franco-Belge* fut mise en exploitation en janvier 1879; elle a sa tête comme directeur M. Etchats basque-français, et M. Pralon comme inspecteur. Sous les ordres de M. Benoist, ingénieur en chef, sont placés deux autres ingénieurs, l'un chargé des chemins de fer et des ateliers, l'autre de l'extraction du minerai.

Pour dénoncer une mine, il faut quatre hectares se touchant toujours par un côté, autrement c'est une *demasia*. La Franco-Belge possède les *conchas* de 2 à 8, ayant une superficie de 1,050,000 mètres carrés ; puis Barga, San Benito, Barnabe, San Martin, Altura, Alhondiga et leurs *demasias*.

Un matériel de wagons et de locomotives; des plans inclinés dont le plus long, le *Cadegal*, mesure six cent soixante-quatorze mètres; des câbles aériens Hogson et Bleicher; une chaîne flottante de trois mille six cent dix mètres, assurent les transports. Les chantiers sont reliés par des téléphones et des sonneries électriques à Bilbao et aux bureaux de la mine. Dans ces derniers, un laboratoire a été créé pour les expériences.

La Société est formée par un syndicat : *Denain et Anzin, Montataire, John Cockerill et Ybarra*, le premier concessionnaire de tout le sol minier. Le syndicat est forcé de prendre trois cent cinquante mille tonnes de minerai, chiffre statutaire qui ne peut être dépassé. La qualité doit toujours être régulière; aussi force-t-on l'extraction sur tel ou tel point, suivant les besoins. Mais les transports, qui peuvent être faits pour le compte des voisins, éteignent presque les frais généraux; il a été charroyé en 1894 cinq cent soixante et onze mille cinq cents quatre-vingt-une tonnes.

La question des transports, demandant de

continuelles modifications de tracé, est la plus importante; il faut débiter beaucoup et économiquement. L'exploitation est plus simple et se réduit au triage; sauf quelques galeries et puits, elle a lieu à ciel ouvert. L'extraction est donnée à l'entreprise sous la surveillance et la direction des ingénieurs de la Compagnie. En été on attaque les terrains argileux, en hiver les plus aisés; il pleut en moyenne six mois de l'année.

Les manœuvres, qui forment les quatre cinquièmes des travailleurs, sont payés par quart de journée, à raison de trois francs la journée; les mineurs gagnent un peu plus. Cette population volante est braillarde mais nullement méchante. La dynamite traîne partout, les ouvriers en ont dans leurs poches, et jamais il n'arrive d'accident, jamais il n'y a d'attentat, bien que l'explosif redoutable soit à la disposition de tous.

Il a été construit un hôpital par les propriétaires des mines; pour en alimenter les ressources, les Compagnies donnent un tant pour cent, un à deux centimes, par tonne embarquée, et on retient deux pour cent sur les salaires.

Le *Somorrostro*, rouge à base calcaire, est le minerai naturel de première qualité. Il vaut 1 fr. 85 de plus que le *Rubio* noir brun, avec quelques taches sanglantes, et tout feuilleté. En dernier lieu se trouve le *Carbonate* blanc ou gris. On le calcine dans des fours, en le saupoudrant de charbon; sur cent tonnes de ce minerai on perd trente-cinq pour cent. Quand après l'opération on le recueille, débarrassé de son acide carbonique, il est devenu violacé, couleur d'iode.

Les plans inclinés, des funiculaires où les wagonnets descendant chargés remontent les vides, ont en général de vingt-un à vingt-deux pour cent de pente en bas et trente-six en haut; le plus rapide va jusqu'à cinquante et un. Par l'un d'eux, sous la conduite de M. Benoist, nous nous élevons avec une vitesse de trois mètres cinquante par seconde, et le sol se dérobe sous nos pas comme dans une ascension en ballon.

De toutes parts, des trains passent, des bennes circulent, des wagonnets roulent, des coups de pioche retentissent hachant, tailladant la montagne de fer, et des tranchées s'ouvrent, des couloirs se percent, des cavernes se creusent. Des hommes aux vêtements aussi jaunes que s'ils s'étaient roulés dans du safran, jettent dans des gouttières en bois le minerai qui est recueilli en bas.

De l'autre côté d'un ravin aride, le plan incliné tournant de la *Orconera* s'enroule au flanc de la montagne. La Orconera à MM. Consett, Dowlais, Krupp et Ybarra enserre toutes les mines de la Franco-Belge et l'empêche de jeter ses déblais dans le ravin, compliquant ainsi le travail et créant des difficultés.

A trois cents mètres d'élévation, nous parvenons au baraquement en planches destiné à abriter le banquet qui va être offert au Congrès de l'Avancement des Sciences. Nous embrassons un panorama d'une prodigieuse étendue : à nos pieds se groupent Portugaléte, Algorta, Las Arenas; plus loin Bilbao s'enfouit dans un creux; le Nervion, d'où montent des fumées et des lueurs rougeoyantes de fournaise, se déroule, frayant sa route à travers une mer de sommets ondulants comme l'Océan dont les contours du littoral découpent la nappe bleue; et toute cette immensité se perd et se confond dans un horizon reculé infiniment vaste.

Tout près de nous, une mine épuisée montre les plaies béantes de ses rocs éventrés; elle a été délaissée après avoir été dépouillée, subissant la décevante destinée commune à toutes les choses qui ne valent dans notre temps que par leurs richesses; et plus triste est l'abandon là où l'activité était auparavant, plus morne la désolation où était la vie.

Nous rencontrons à ce moment le chef mineur, un compatriote, et nous avons l'illusion, dans cet endroit retiré, de nous croire en terre française.

Souvent, en faisant des fouilles, on trouve des galeries souterraines, celles que jadis creusaient les forçats en suivant le filon de la *vena dulce*, le plus pur minerai. On la traitait sommairement avec la forge catalane, une forge à pied, au foyer très petit.

Les pauvres masures des cités ouvrières sont éparpillées de distance en distance, très délabrées, offrant un asile primitif à cette population pauvre. Toutes ces familles pourtant n'ont pas l'air malheureuses; les enfants jouent et gaîment les ménagères vaquent à leurs occupations.

Nous arrivons ainsi à la *Cadena flotante* (la Chaîne flottante). Deux rails sur lesquels roulent des wagonnets avec une coche où mord la chaîne, et par son propre poids le minerai est descendu, pourvu qu'une pente de quatre pour cent soit ménagée entre les deux points extrêmes, distants ici de trois mille six cent dix mètres : tel est ce mode de transport merveilleux de simplicité.

A chaque coude de la voie, une gare est installée ; la chaîne, suspendue à une charpente, se soulève, le chariot se détache tout seul et se raccroche de lui-même ensuite, à moins qu'on ne l'ait fait bifurquer dans une autre direction. Un frein à main arrête la marche que modère un régulateur à eau.

La Franco-Belge fut la première à établir la chaîne flottante, qui réalise une économie énorme ; on emmène deux mille cinq cents tonnes à raison de huit centimes l'une.

L'organisation considérable de la mine a été dirigée par M. Benoist. Je regarde avec admiration cet homme qui, d'un geste large, nous montre son ouvrage ; la taille est moyenne, le corps râblé, le teint bruni, l'œil bleu clair reflète une volonté intense ; tout, dans sa personne, exprime la force et l'intelligence. Il faut, en effet, son cerveau puissant pour surveiller cette œuvre dans son ensemble et la connaître dans ses détails.

Les lignes se croisent, passent en tunnel sous les plans inclinés, reparaissent, enchevêtrent leur inextricable réseau ; chaque carrière est un fleuve avec ses affluents. Et toujours les wagonnets se poursuivent dans un incessant roulement, comme doués de vie avec leur invisible force de traction.

Les montagnes sont nivelées, les vallées comblées par les remblais. Une nuit, un mur de soutènement haut de dix-huit mètres, épais de neuf, céda à la poussée de cent mille mètres cubes de terre, menaçant d'ensevelir un village. Pour empêcher le retour d'un semblable accident et prévenir une catastrophe, la largeur du mur fut portée à treize mètres.

Au bout de la chaîne flottante ou des plans inclinés, les chariots arrivent sur une plate-forme ; on les trie selon la qualité du minerai et on les déverse dans des wagons dont les vannes règlent l'emplissage. Ceux-ci sont pesés et conduits alors, soit au dépôt, soit au débarcadère où chargent les navires. Durant dix heures de travail, quinze cents à deux mille tonnes sont mises en mouvement.

Il était trois heures quand nous montions à la mine, nous en redescendons à six et demie. Très las, nous nous reposons un instant et acceptons avec reconnaissance des rafraîchissements, de l'eau et une brosse, puis le train nous conduit aux appontements.

Les wagons chargés de minerai y arrivent par la pente naturelle, sont déchargés et reviennent par l'autre voie. A bord du *San*

Martin, quatorze cent quatre-vingt-dix tonnes ont pu être embarquées dans une demi-journée.

Presque tout le minerai est exporté; les hauts-fourneaux espagnols (Sociétés des *Altos Hornos*, du *Desierto*, de *San Francisco* et de *la Viscaya*) font de mauvaise fabrication.

A Luchana, nous quittons M. Benoist et je ne saurais trop le remercier de sa complaisance, des renseignements si intéressants qu'il nous a fournis et que j'ai tâché de relater ici.

Il est sept heures quand nous sommes de retour à Bilbao. Que de pages j'ai griffonnées, tel l'Alcide Jolivet de Jules Verne, et une chute ne me fait lâcher ni mon crayon ni mon carnet.

Nous avons les jambes rompues, à force de grimper comme des chèvres, de débouler comme des lapins, mais nous restons émerveillés de l'ingéniosité de l'esprit humain, de sa vaste compréhension, de sa force prodigieuse, capable de faire enfanter des trésors aux montagnes.

Dimanche 11 août.

Après déjeuner, M. F... nous emmène à la *Sociedad Bilbaina*, le cercle le plus ancien et le plus cossu, installé suivant le goût anglais. On y trouve une bibliothèque riche en ouvrages, pourvue de journaux, de revues littéraires, scientifiques, industrielles, de tous les pays; des salons de conversation et de jeu donnant sur la *plaza Nueva,* une cour intérieure carrée; des cabinets de correspondance; des billards; des lavabos, etc., en un mot tout le confortable et le luxe désirables. La Société très nombreuse s'accroît constamment et déborde dans les immeubles voisins. L'Espagnol en effet vit, en dehors des heures de bureau, au club ou dans la rue.

En haut d'un interminable escalier, nous lisons sur la porte du cimetière cette maxime :

« *Aqui acaba el placer de los injustos,*
» *Y comienza la gloria de los justos.* »

« Ici finit le plaisir des méchants,
» Et commence la gloire des justes. »

Ce lieu est lugubre avec ses cyprès alignés, ses rangées de niches, ses plaques en marbre noir, qu'ensevelissent les herbes folles et les chèvrefeuilles. Ces tombes non entretenues, cet abandon des morts nous choquent, nous qui avons un tel culte pour la mémoire des disparus et leur sépulture; en pensant à eux, on songe à l'Éternité.

« Il n'y a, nous explique M. F..., aucune tenue dans les cérémonies religieuses. On vient aux enterrements en vêtement quelconque; la famille y est représentée par un membre éloigné; en aucun cas les femmes ou les proches n'y assistent. Pendant huit jours ils restent enfermés chez eux; au bout de ce temps commencent les offices des parents qui durent une semaine. On ne se découvre jamais devant le cadavre, mais seulement devant la croix. Elle est d'ailleurs considérée comme un instrument, non comme un symbole; le service terminé, l'enfant de chœur la porte sans nul respect sous son bras. Les prêtres s'en vont chercher le corps à la débandade et s'en retournent de même.

« On se marie en toilette noire; la bénédiction nuptiale se donnait autrefois à six heures du matin, aujourd'hui la limite est reculée à neuf. Dernièrement, une jeune fille et son fiancé, s'étant conformés aux usages français, soulevèrent un tolle général.

» Le clergé, ignare, manque de dignité. Dans nos provinces basques (*Biscaye, Guipuzcoa* et *Alava*), les curés sont habiles à trois choses : à jouer à la paume, au billard et à pincer de la guitare.

» Les hauts prélats ont gardé l'intolérance têtue du temps de l'Inquisition.

» Le Biscayen est plus fanatique que fervent convaincu ; il fera avec démonstration montre de piété, mais à la messe il causera comme dans un salon, se bousculera dans une cohue peu édifiante. »

Au bout de la montée et d'une avenue d'arbres, nous arrivons à *Santa Maria de Begoña*, paroisse du village de ce nom et pèlerinage des marins. L'église est plongée dans l'ombre ; comme au moment des sermons les ouvertures sont voilées. Auprès de la chaire, des enfants agenouillés autour d'un prêtre chantent des complaintes.

Dans son sanctuaire, la *Virgen*, vêtue d'un manteau violet et d'une robe de brocart, est auréolée d'un cercle d'argent. On la promène processionnellement dans les occasions graves ; lors du choléra de 1835 elle parcourut la ville en grande pompe. Un store cache la statue en dehors des cérémonies.

Par sa magnifique envolée spirituelle, un tableau nous saisit. Jésus est assis au chevet du lit d'un malade dont les yeux sont rivés sur les siens. Le visage de l'homme conserve une expression de désespoir et d'angoisse à la pensée de quitter la vie, mais il s'illumine déjà d'une lueur d'espérance à la sereine parole du Sauveur, et l'on sent la foi consolatrice pénétrer l'âme du mourant.

Dans la sacristie, un chemin de croix, un drame de naturalisme, une débauche anatomique de chairs plantureuses, oppose des têtes brutales aux faces divine du Christ et douloureuse de la Vierge. L'auteur présumé est Jordaens, en tout cas, l'école flamande a imprimé son cachet sur l'œuvre.

On nous montre un reliquaire où une tête en cire de saint Jean-Baptiste, placée sur un couteau, nage dans une flaque de sang : toujours le besoin du réalisme.

De la terrasse des Carmes, nous découvrons autour de nous le Bilbao religieux, une multitude de couvents et d'églises. Au fond de l'entonnoir où le Nervion a creusé un sillon, se groupe la carapace compacte des toitures noircies de la vieille cité qu'étreint étincelante la nouvelle ville, à peine ébauchée encore par endroits, poussée très vite dans un mouvement de fièvre, dans un rapide besoin d'extension, car la vie étouffait comprimée dans les anciennes murailles. Les montagnes se lèvent brusquement, et du côté de l'Océan un ciel livide se charge d'orage.

Nous redescendons et traversant le faubourg d'*Achuri*, nous suivons, au bord du Nervion, la promenade du *Monton*. A gauche une pente gazonnée, plantée d'arbres, est soutenue par un mur; à droite, derrière un parapet, la ligne du chemin de fer de Zumarraga longe la rivière que bordent une verrerie brûlée et des masures misérables. Nous marchons sur les dalles du *paseo de los Caños*, l'ancien canal des eaux de la ville.

Au delà de la *Isla*, le Nervion devient le rio *Ybaizabal*, un torrent encaissé avec une cascatelle tombant sur un lit de cailloux. Des enfants se baignent à cet endroit; comme il s'en noyait un par jour, un conseiller municipal y plaça un canot de sauvetage. Le batelier pratique en profite pour faire la location de caleçons. En face, les mines d'*Ollargan* ont attaqué le coteau pour extraire le minerai, et les bennes suspendues à un câble aérien se reposent aujourd'hui dimanche.

Nous allons jusqu'à un moulin de farine. Une femme passeur appuyée sur sa rame dans son canot, des ressauts de roches, un îlot de verdure, une fabrique, de vieilles maisons sur pilotis, et derrière, la montagne qui grimpe à pic, garnie d'arbrisseaux et de quelques cahutes, composent un agreste paysage.

Un barrage maintient le niveau du rio peu profond. Et cependant, trois kilomètres plus bas, ce même filet d'eau porte des navires, charrie l'activité et apporte sa source de vie, pour contribuer à faire de Bilbao un des premiers centres miniers.

XIII

BURGOS

De Bilbao à Burgos. — L'Espolon. — La cathédrale. — Les vestiges de la ville. — Les églises. — La cité du Cid.

Lundi 12 août 1895.

Au sortir de Bilbao, la voie ferrée s'engage dans une vallée sinueuse, jolie, gaie, pittoresque, mais non puissante. Des escarpements de roches grises la resserrent, tapissés d'herbe et de verdure que des cascades lament d'un filet d'argent.

Le rio Ybaizabal, presque à sec, s'échappe à travers des cailloux troués, comme piqués par des tarets; au dessus, sont jetés des ponts ébréchés en dos d'âne et du plus romantique aspect.

Arrigorriaga, Areta, Llodio, s'éparpillent le

long du chemin, villages dont les maisons basques, aux larges toits en pente, aux balcons de bois, laissent apparentes les poutres de leurs façades parfois décorées de frondaisons.

A partir d'Amurrio, le paysage 'élargit ; un pic abrupt se dresse, environné de vapeurs, et nous commençons à gravir, pour gagner deux kilomètres sur un parcours de quinze, la rampe d'Orduña.

La boucle décrite par le chemin de fer, au flanc des rocs verticaux et lézardés de la *Peña*, enlace le fond riant dans lequel se tapit Orduña.

Non loin de Delicia, plantée sur un mamelon, l'Ybaizabal prend sa source dans un site de recueillante sauvagerie.

Lezama dépassé, nous nous engageons dans des tunnels et des tranchées d'où, par instants, la vue s'échappe sur la montagne toujours plus haute à mesure que nous nous élevons. Parvenus au point culminant, après le souterrain de Gujuli, nous redescendons, au milieu d'un cirque râpé, vers le défilé de *Techas*.

Les murailles, dans les crevasses desquelles s'incrustent des chênes rabougris, étreignent le rio *Bayas* avec la route ferrée, et se rapprochent, implacables, semblant vouloir se joindre pour nous aplatir dans un supplice d'Inquisition. Nous respirons quand nous débouchons dans la vaste plaine nue de Miranda.

Nous déjeunons convenablement au buffet, servis par des garçons complaisants, parlant français. Sur le quai, des soldats se promènent débraillés, sans tunique, au milieu de groupes de fillettes vêtues de corsages de zouave, de jupes d'indienne, coiffées de sombreros d'homme, des nœuds dans leurs cheveux en bourse.

Deux heures et quart, nous repartons. Au bas de Miranda, vieille cité noire, couronnée d'un castel, un pont de six arches franchit l'Èbre altéré.

Les chemins poudreux, éblouissants de blancheur crue, s'allongent sur le sol calcaire d'une campagne brûlée. Une tour solitaire, quelques hameaux délabrés, un couvent austère dans un vallon aride, et c'est tout; pas un semblant de vie, sauf un bourriquet et un pâtre anéanti par la pluie de feu du soleil. Là-bas, à l'horizon, s'estompent en bleu les monts de Santander.

Une formidable citadelle naturelle de rocs déchiquetés, aux découpures grimaçant comme des figures de diables, surgit devant nous. Les gorges, où gémit le torrent *Oroncillo*, s'y creusent farouches, comme descendant dans les entrailles de la terre : un chaos des âges préhistoriques ou de la fin des mondes.

Au fond du troisième entonnoir, Pancorbo est englouti. Tout en haut d'aiguilles pointues, se confondant avec leurs aspérités, un château accroche désespérément ses ruines, et j'imagine, y détachant son anguleuse silhouette au clair de lune, le Matamore de Théophile Gautier.

Le pays se poursuit, impitoyablement grillé, n'ayant d'autre ombre que de maigres peupliers, d'autre animation que des femmes suivant la route poussiéreuse, montées sur des ânes qui courbent la tête, accablés par la chaleur. De loin en loin, dans des fermes aux murs de boue séchée, on bat le blé avec un fléau.

Vers le faîte de la *Brujula*, plus de végétation, plus rien qu'une mer ondulante de bosses fauves, un immense tapis de peaux de lions ; une désolation de hauts plateaux exposés à toutes les ardeurs estivales, à tous les vents furieux, au froid glacial des hivers.

La *cartuja de Miraflores* dessine tout à coup sa sveltesse ogivale, et bientôt Burgos se dresse avec sa cathédrale et son monticule surmonté du Castro crénelé.

Le temps de nous brosser, de nous débarbouiller à l'hôtel, et nous nous mettons aussitôt en campagne.

Au bord de l'*Arlanzon* desséché, s'étend la promenade de l'*Espolon* bordée de maisons neuves. Les arbres maigres y sont poudrés de blanc, des statues y dansent le quadrille et, visiblement épuisés par un tel effort, trois jardiniers soutiennent une lance d'arrosage.

S'encadrant au milieu de la ligne d'habitations récentes, l'*Arco de Santa Maria* nous ouvre sa voûte flanquée de six tourelles. C'est le plus ancien monument de Burgos et de conception plus originale que de bon goût.

Nous suivons des rues désertes, tristes, avec de l'herbe entre les cailloux. Nous y rencontrons un enterrement d'enfant ; le cercueil, une boîte à violon, est porté par quatre fillettes précédées de garçonnets tenant à la main des cierges allumés d'une rouge étincelle menue.

Plaza *Santa Maria* ornée d'une fontaine, s'élève la merveille de Burgos, la cathédrale, cette prodigieuse folie de pierre du xiiie siècle. Deux flèches en dents de scie, percées à jour, se soutiennent par miracle, minces comme des fils d'araignée. Je leur préfère cependant nos tours; moins découpées peut-être, elles élèvent plus humbles et touchantes leurs plus ardentes prières.

Certes, la foi l'a inspirée, cette basilique inouïe, mais l'orgueil castillan l'a enfantée. Il a jeté comme un défi hautain à l'univers stupéfait la multitude de ses campaniles légers, de ses clochetons fuselés, de ses aiguilles grêles, de ses colonnes fluettes et son monde innombrable de statues.

A l'intérieur, pas un coin qui ne soit fouillé, pas une corniche qui ne soit festonnée, pas un pilier qui ne soit ciselé.

Partout des chefs-d'œuvre : derrière l'autel, les scènes de la Passion qu'une restauration barbare a défigurées, mais dont les têtes sont d'une finesse incroyable d'expression; dans le *coro*, des stalles incrustées de buis; dans les chapelles qui ceignent le tour du temple, des tombeaux de marbre ou de bronze, des vitraux coloriés de nuances vives et chaudes, des retables hauts comme des façades, de véritables broderies.

Le dôme central, quintessence de l'habileté, de la délicatesse, de la somptuosité, est à lui seul une cathédrale. Les rayons de soleil, les jeux de lumière, mettent en relief la profusion des détails, des pendentifs, des nervures, des arabesques, et le regard, ébloui, dérouté, ne sait où se fixer.

Le gothique a fleuri adorablement la *capilla del Condestable* (du connétable), une absidiole ouvragée et décorée d'écussons, sépulture de la famille de Velasco. Dans la petite sacristie de cette annexe, sont renfermées des reliques, des médaillons, un autel portatif en ivoire, et surtout une Madeleine à mi-corps, un tableau inestimable, attribué à Léonard de Vinci. La Repentie est enveloppée de ses cheveux, un sourire d'infini bonheur à peine esquissé voltige sur ses lèvres closes et les yeux sont levés en extase.

Nous retombons brusquement dans le naturalisme, devant le célèbre Christ de Burgos, une peau humaine (?), rembourrée et saignante; de vrais cheveux, de vrais cils, un mannequin affublé d'un jupon, et doté d'un privilège spécial de faire des miracles. Nous concevons Dieu autrement; nous montons vers lui, nous ne l'abaissons pas jusqu'à nous, et, dans l'image, nous adorons l'idée.

Une porte de bronze incomparable, du xive siècle, donne accès dans le cloître rempli de tombeaux blasonnés et grillés. Dans la salle capitulaire, où se voit scellé au mur le *cofre de el Cid*, des corps de marbre étendus se devinent dans l'ombre qui commence à nous envelopper. Il nous semble entrer dans une nécropole, et je me demande si l'Espagne n'est pas la grande morte ensevelie là avec ses héros disparus.

Je pense au jeune roi qui

> ... plein de deuil et d'effroi,
> Seul dans l'Escorial avec les morts qu'il foule,
> Courbe son front pensif sur qui l'empire croule.

Mais devant moi se dresse le fantôme du Cid, « le vainqueur invaincu des Maures et des Chrétiens. Son visage, doué d'une grande gravité, est découvert; il a sa bonne épée Tizona à son côté ».

Peut-être se lève-t-il assez à temps du sépulcre pour sauver le Pays que n'ont pas encore tué la négligente insouciance, les dissensions intérieures, les assauts des ennemis, la cupidité et l'égoïsme des alliés. Souhaitons que le *lion espagnol* n'expire pas déchu de sa grandeur et de sa vaillance.

La cathédrale est un joyau d'écrin, une triomphante dentelle de pierre; elle est une poésie exquise, elle n'est pas une épopée.

Nous sommes étonnés et confondus, mais non remués, bouleversés, comme à Santiago. Les idées sublimes sont simples; celle-ci, trop cherchée, n'est que grande.

A l'hôtel, nous avons la satisfaction de dîner à une table propre; rien des menus gallegos, sauf l'huile dans les *garbanzos*.

Après le repas, nous faisons un tour sur la promenade de l'Espolon (Éperon), ainsi nommée peut-être à cause de sa proximité avec le quartier de cavalerie. J'y remarque de jolies filles aux tresses touffues comme un taillis, et parmi lesquelles beaucoup sont blondes.

Mardi 13 août.

Nous sortons dès six heures du matin; l'air est encore humecté de la rafraîchissante rosée de la nuit, et nous ne rencontrons, dans la ville assoupie, que de rares passants, des balayeurs et des employés de la voirie lancés à la poursuite des chiens errants.

Burgos a démoli ses anciennes demeures pour bâtir des maisons neuves. A part la rue de *Fernan Gonzalés* où subsistent, très retirés, quelques vieux hôtels de la Renaissance; la maison du *Cordon*, dont un câble de pierre entoure la porte; et l'arc de *Santa Maria*, il ne reste que les églises. Elles sont nombreuses: *San Nicolas*, avec son retable ogival de pierre, criblé comme une écumoire, un travail patient de ver rongeur, qui occupe tout le fond du temple; *San Gil*, avec ses mosaïques et sa chapelle de la Natividad; *San Lorenzo*, une rotonde Louis XVI; *Santa Agueda* dans laquelle le Cid fit jurer au roi Alfonso VI qu'il n'avait pas trempé dans l'attentat contre son frère; *San Esteban*; *San Roque*, et tant d'autres.

Partout on dit la messe, partout apparaissent des tombeaux; mais ces tombeaux sont des souvenirs, et ces messes sont une supplique au Dieu des armées de conserver à la nation la force et l'honneur des héros morts.

Une fois encore nous retournons à la cathédrale. L'ombre nous avait empêchés de voir un Christ de Greco, et nous le retrouvons dans la salle du Chapitre; un fond noir fait ressortir la tête admirable, et sur le visage se lit la souffrance extrême de Celui qui a bu le calice jusqu'à la lie.

Nous refaisons un nouveau pèlerinage à travers la basilique et nous repartons sans avoir pu tout voir, tout comprendre, avec un reproche de consacrer si peu à une œuvre qui a usé tant d'artistes, inimitables ciseleurs.

En attendant l'heure du train, nous allons rêver un instant au bord du rio. Sur le pont, des bœufs s'en vont à pas lents, des muletiers gagnent les chaumes, des femmes lavent dans le maigre filet de l'Arlanzon, et derrière les maisons rôties, éclaboussées de soleil, la cathédrale dresse ses découpures dans le ciel profondément azuré.

Je retrouve alors la vieille cité du Cid, celle de mon imagination, celle que m'avaient représentée les étincelants décors d'opéra sur une scène inondée de lumière; et m'y voici dans ce pays ardent, dans cette forteresse que les aïeux du Campeador ont placée, pour la défendre mieux, dans des régions d'aigle.

XIV

LOYOLA

De Burgos à Zumarraga. — Les Basques. — L'Urola et la vallée de Loyola. — A. M. D. G. — Le couvent et la Casa Solar de saint Ignace. — Retour à Saint-Sébastien. — Apparition.

Mardi 13 août 1895.

Nous quittons Burgos une demi-heure en retard. Deux officiers de gendarmerie montent dans notre compartiment, en grande tenue, armés de pied en cap; ainsi que dans le temps jadis, ils font voyager avec eux l'argent du gouvernement. Jusqu'à Miranda nous retraversons les mêmes plateaux roussis, les mêmes gorges sauvages, le même pays ardent, et l'air souffle embrasé comme sortant d'une gueule de four.

Après Miranda, la campagne devient moins aride, les élévations rouges se sombrent de verdure, les villages se font moins rares. Victoria, avec les tours de ses églises et le tassement de ses toits de tuiles, domine, assise sur un coteau, la vaste plaine d'Alava, semée de petits arbres et bordée au loin à gauche d'une ligne d'ondulations.

Le tunnel de Chinchetru passé, les mamelons plantés de chênes s'écartent et la montagne paraît, avec des rocs gris dont l'un percé (*la Peña horadada*) livre passage à la route de Cegama. Alsasua se perche sur une petite butte au milieu de contreforts boisés, et nous piquons droit vers les Pyrénées espagnoles.

Que de travaux d'art, de difficultés vaincues! Nous sortons d'un tunnel pour entrer dans un autre et, sur onze kilomètres, nous en franchissons plus de sept en souterrains; succession de ténèbres et de lumière, avec des échappées sur les vallées profondes dont les pentes sont feuillues de chênes, de noyers et de châtaigniers. Le faîte de la chaîne est traversé et nous redescendons l'autre versant ombreux, très rapide.

Nous arrivons alors à Zumarraga, et prenons, à l'hôtel *Ugalde*, une voiture qui va nous conduire à Loyola.

Nous sommes en plein pays basque. Chez le patron, chez le cocher, chez la fille qui nous sert des rafraîchissements, nous sentons l'activité dévorante, la pétulance de cette race indépendante, « jetée comme un monument antique entre les Pyrénées et l'Océan, étrangère au bouleversement des empires et au mouvement progressiste de la civilisation ».

Grâce à leur intelligence, à leur industrie, à leur travail persévérant, les Basques maintiennent la fertilité et la gaîté dans leur territoire. Les manoirs domaniaux, *echalteas*, poussés au hasard, suivant le désir du maître, se transmettent de père en fils aîné, toujours dans la même famille. Pauvres ou riches, tous sont armoriés, car tout Basque est fier gentilhomme, jaloux de son origine et de ses traditions. L'hospitalité est la même qu'en Galice, mais la propreté étincelante remplace la saleté sordide.

La route, encaissée entre des hauteurs verdoyantes, suit de tournant en tournant le cours tortueux de l'*Urola* qui bouillonne sur des silex bleus. Des ponts de pierre ébréchés, d'une seule arche pointue, souvent aux parapets écroulés, sont jetés çà et là en travers du torrent au dessus duquel les arbres se joignent, plantant leurs racines dans la roche. Les lierres, les lianes, les fougères, s'enlacent aux troncs; des taillis escaladent les pentes éclaircies, par places, de champs que sarclent des femmes en jupes bleues ou rouges. Ce matin, c'était le désert aride; ce soir, ce sont des croupes luxuriantes.

Déjà les ombres s'allongent, et dans cette délassante fraîcheur je me laisse envahir par le repos. Seuls le bruissement de l'Urola, le pas de nos chevaux, le bruit sec du marteau d'un cantonnier cassant des cailloux, rompent cette tranquillité. Un moine nous croise, vêtu de bure, tête découverte, pieds nus dans ses sandales, et le coche nous dépasse à une halte.

Sur le chemin, un enfant court après des pierres qu'il jette; et c'est là le résumé de notre vie, se passant à gaspiller le temps que nous cherchons ensuite à rattraper.

Le défilé s'élargit; devant nous apparaissent dans une coulée d'or fauve des sommets pelés; sur un mamelon, une église solitaire se recueille pour l'Angelus, et nous entrons dans Azcoïtia.

Calle *Mayor*, devant le pas des portes, les hommes tressent sur une planche lustrée des semelles en corde d'espadrilles dont les femmes cousent les dessus; et il y en a à l'infini, tout le long de la rue, de ces ateliers en plein vent, animés d'une extraordinaire ardeur de travail. Sur la plaza, des jeunes gens jouent à la paume, la distraction favorite des Basques. Cette petite ville est l'image même de la race, avec ses brunes maisons centenaires, immuablement les mêmes depuis des siècles et héroïquement blasonnées.

Nous dépassons Azcoïtia, et non loin, une caserne sévère surplombée d'un dôme, le couvent de Loyola, barre la vallée; par delà, la vue se butte à des cimes violettes. Un pont sur l'Urola, une charmille en face du monastère, et nous nous arrêtons devant une de ses dépendances, la fonda *Miguel Arocena*.

Nos chambres, des cellules aux murs blanchis à la chaux, aux portes de pitchpin, aux lits et toilettes de fer, sont d'une propreté méticuleuse; et par la fenêtre, nous voyons des bandes d'élèves jésuites sortant dans la campagne, innombrables fourmis noires qui apprennent ici la discipline passive et l'art de creuser silencieusement leur sillon.

A huit heures et demie, on frappe dans les mains, c'est la *comida*. Dîner cénobitique : potage très dilué, pommes de terre bouillies, œufs à la coque, sardines, une viande ni veau ni bœuf. Nos compagnons de table, parents d'étudiants du collège, parlent avec une exubérante volubilité; une petite vieille bossue, recroquevillée, laisse échapper un rire aigrelet qui sonne faux.

Dans l'ombre, se silhouette, pleine de troublant et inquiétant inconnu, la masse écrasante du couvent où plane l'esprit de saint Ignace, le tenace lutteur, le moine soldat de la Compagnie de Jésus dont l'œuvre influa sur la destinée des couronnes et des tiares.

Mercredi 14 août.

Aussitôt levés, nous allons au monastère qui renferme le berceau de l'ordre des Jésuites. Sur les marches conduisant au sanctuaire, la statue en marbre blanc de saint Ignace nous arrête. Une figure maigre avec toute la barbe, le front conique, légèrement fuyant, la bouche indomptablement volontaire, le regard baissé, profond et concentré; un bras ployé et dans la main l'Imitation de Jésus-Christ; dans l'autre, qui tombe sur le côté, un rouleau sur lequel est incrusté ce mot : OBEDIENTIA. Obéissance absolue et passive; plier ou être brisé, dilemme insoluble, cercle de fer infranchissable.

Dans le parloir, une cage de verre où nous attendons un guide, deux portraits se font face : l'un, doña Mariana d'Austria, mère de don Carlos, reine d'Espagne, fondatrice de cette sainte maison et du collège de la Compagnie de Jésus (1683); l'autre, Charles II, roi d'Espagne; et partout ce signe : IHS.

Un étudiant français, notre cicerone, vient nous prendre et nous visitons d'abord l'église : une rotonde de trente-six mètres de diamètre, au centre de laquelle huit grandes colonnes supportent le dôme. Les armes des différentes provinces d'Espagne, les statues des vertus théologales, font le tour de la coupole. L'ensemble du monument est somptueux, lourd, fastueux; amas de richesses, entassement de marbres, de mosaïques, de dorures; l'orgue a coûté soixante mille francs; au dessus du maître-autel, se dresse la statue en argent de saint Ignace, et chacune des colonnes du chœur a coûté une vie d'homme.

L'ancien château des Loyola, la *Casa Solar*, est enchâssé dans le couvent. Il est construit de pierres en bas et de briques en haut. L'ordre, en effet, fut donné jadis de raser les manoirs et la démolition fut commencée; mais la permission ayant été accordée de laisser subsister le domaine, on rebâtit en briques la portion abattue. Les murailles de deux mètres cinquante d'épaisseur ont résisté au temps, comme l'idée qui a germé là, est éclose et s'est développée.

Il n'y a d'autre ornement que, au dessus de la porte, un écu d'armes sculpté : une crémaillère entre deux loups. La crémaillère, c'est le foyer domestique dont les loups sont les défenseurs. La sainte maison a été convertie en chapelles ou en oratoires, et renferme des reliques, des tableaux, des dons, des souvenirs.

Au troisième étage, une pièce basse, au plafond caissonné et enluminé, est séparée en deux par une grille. Le jour est assombri par des vitraux, et dans le fond deux lampes veilleuses brûlent sans cesse. C'est la salle des apparitions, la chambre où Ignace de Loyola blessé au siège de Pampelune, en 1521, se donna à Dieu. Il y était entré soldat, mondain et galant; il en sortit ascète pour se faire armer chevalier de la Vierge, à Notre-Dame du Mont-Serrat, en Catalogne, prêt à lutter pour Jésus comme il avait lutté pour son roi.

Son énergique persévérance ne fut démontée par aucun obstacle; il triompha de tous, s'asseyant à trente-deux ans sur les bancs des écoles de Barcelone, d'Alcala et de Salamanque, étudiant la philosophie scolastique et la théologie, se faisant recevoir maître ès arts à Paris.

L'ordre des Jésuites fut fondé, et le Général Ignace de Loyola en fut le chef suprême, ayant le droit d'en établir les règlements sans avoir recours à l'approbation du Pape. Le Souverain Pontife avait en effet compris la nécessité, pour l'Église catholique assaillie, d'opposer alors à la doctrine austère et intransigeante de Luther, la politique attirante et souple de Loyola.

Chaque année les députés (*procureurs*) se réunissent à Rome et exposent les besoins de leurs provinces. En 1892, l'élection du Général eut lieu ici, dans la salle de la Congrégation générale, une grande pièce aux murs nus, crépis de chaux, avec quelques tableaux religieux. Rien depuis n'y a été touché, et sur les pupitres en bois noir, qui font songer à une étude d'écoliers, se lisent encore les noms des électeurs. Après la messe et une heure de méditation, la délibération secrète dura de cinq heures à onze heures du matin et se termina par la nomination du P. Martin, de la province de Burgos.

Le Collège actuel des étudiants, fondé en

1681, est dirigé par un Supérieur ayant sous ses ordres le Père ministre chargé du temporel, et cinq ou six autres Pères prêchant ou donnant des missions. On refait là toutes les humanités ; la philosophie est enseignée à Oña près Burgos.

Ce que ces novices savaient auparavant, néant ; leur esprit est façonné à nouveau, leur intelligence assouplie, coulée, comme le dur airain, dans un moule uniforme, et leur masse inflexible va par le monde, faisant quand même sa trouée, marchant sans bruit sur toutes les routes à la conquête du but irrévocablement fixé *Ad Majorem Dei Gloriam*. Et toute la doctrine des Jésuites est résumée dans ce dédale de couloirs silencieux, dans ces dortoirs aux lits alignés, dans ce réfectoire immense où l'on ne parle pas mais où l'on écoute les règles de la discipline rigide, dans la forme du monastère : un aigle les ailes déployées.

Après un déjeuner moins cénobitique que notre dîner de la veille, nous gagnons Azpeïtia distante de deux kilomètres à peine. Nous y trouvons la diligence de Zarauz à Saint-Sébastien et montons sur l'impériale. Un jeune garçon et trois fillettes y sont déjà installés ; l'aînée, noire, ardente, joue à cache-cache derrière son éventail; la cadette, blonde, figure fine, plate, les yeux bruns percés en vrille, se tient sur la réserve; la plus jeune est insignifiante.

A une heure, nous traversons la grande rue d'Azpeïtia, avec ses maisons noircies, ses auvents caissonnés, ses écussons armoriés de fière ville basque.

Nous suivons comme hier, le dominant parfois, le cours de l'Urola. La vallée est moins encaissée, les monts plus accentués d'*Itzarriz* et d'*Arunaza*, et le torrent devient rivière.

De leur voix claire, les fillettes chantent, rient à gorge déployée, montrant leurs dents blanches, et dévorent une respectable provision de gâteaux, avec un appétit superbe.

Cestona, station thermale, se blottit dans un nid de verdure; nous y prenons des voyageurs et des bagages dont l'arrimage hâtif me laisse des craintes sur sa solidité.

A Santa Cruz, planté sur une croupe, nous complétons notre chargement et redevenons la boîte de sardines du coche de Santiago. Les hauteurs s'abaissent et s'écartent, des bourgs, des fermes isolées s'échelonnent sur la route bien entretenue, bordée de pommiers, de châtaigniers, de peupliers et de chênes. Elle se poursuit ainsi jusqu'à une côte longue et raide que les chevaux montent au petit trot, s'arrêtant de temps à autre pour souffler. Au sommet la mer s'encadre un instant entre deux croupes.

Changement de décor, quand nous redescendons l'autre versant. La vue s'étend très large sur la chaîne des Pyrénées qui dresse dans le lointain ses cimes ondulantes; autour de nous des pentes montent couvertes de taillis feuillus; et derrière, le cap Machichaco s'avance comme un nuage au milieu de l'Océan.

Des villas peignées et ombreuses, pareilles à celles des environs de Paris, nous marquent l'entrée de Zarauz.

Les reins cassés, nous quittons la diligence pour une voiture particulière et repartons une demi-heure après. Conduits habilement par un Basque en veston court, béret, figure rasée, nos petits chevaux agiles nous emmènent rapidement sur la route plate au début. Une côte gravie, se démasque un délicieux tableau, d'un éclatant coloris. Hardiment campé au bas d'un sommet nu, le blanc village d'Orio regarde couler le rio *Oria* qui, ruban bleu, va se jeter, entre la coupure de deux falaises abruptes, dans l'Océan de lapis.

Nous remontons le cours de la rivière, serpentant riante et fraîche au pied de coteaux boisés de frondaisons sombres et touffues.

Le trajet, un chemin de parc ombreux, est d'une diversité incroyable et d'un ravissant pittoresque : champs cultivés et riches, vignes grimpant le long des vieilles maisons, villages heureux et aisés, manoirs nobles se dressant en haut des croupes dans leur gloire de centenaires.

Après Usurbil, au milieu d'élévations qui moutonnent comme des vagues de tempête, le fort d'Hernani moitié ruiné s'accroche aux rocs.

Des charrettes dont les roues ne grincent pas, des équipages, des cavaliers, des cyclistes, des enfants offrant des fleurs, nous indiquent l'approche de Saint-Sébastien, la grande ville de bains. C'est fini du rustique et simple voyage, des aventures, presque des découvertes; nous retombons dans le courant ordinaire du tourisme convenu.

Le château de la Mota, la plage, les villas, la rade, où le *Béniguet* se balance : nous arrivons; quand...

Brusquement, devant nous, se dresse sur son cheval efflanqué, droit sur ses étriers, casqué de la salade, la lance en arrêt, l'Ingénieux Hidalgo de la Manche, et, s'adressant à moi, il me dit :

— « Or çà, étranger téméraire, halte-là, et me conte pourquoi tu vins fouler le sol de ma patrie. Car moi, qui suis venu au monde pour redresser les torts et châtier les félons, je ne souffrirai pas que tu fasses un pas de plus avant de t'être expliqué. »

Et moi, troublé, je répondis :

— « Brave chevalier errant, armé du glaive vengeur sur tous les chemins de la vie, sois assuré que nulle pensée mauvaise n'a conduit mes pas. Je suis venu la main tendue, le cœur ouvert, au pays que tu as incarné, toi qui vécus dément et finis sage. Et j'ai rencontré sur cette terre de tous les contrastes, de tous les extrêmes, un peuple de bravoure et de découragement, d'enthousiasmes et de défaillances, d'instincts réalistes et d'élans sublimes, une nation qui se passionne pour des billevesées, se berce d'illusions et vit d'insouciance. »

Un hoquet secoua le long corps maigre de Don Quichotte :

— « Pauvre raisonneur! qui n'as pas compris que l'Espagne est l'Esprit humain, puissance et faiblesse, géant et pygmée, que Dieu attire et qu'étreint la matière, que la raison cherche et que guette la folie.

« Vibre donc de tout ton être au souffle des aspirations généreuses et des tendances élevées; grise-toi d'exaltations, d'espérances vaines; et souviens-toi que si j'ai combattu des ailes de moulins à vent, tu te laisses emporter sur celles de la chimère. »

TABLE DES MATIÈRES

Dédicace..................................	5
I. — De Bordeaux à Vigo.............	9
II. — Vigo.................................	23
III. — Pontevedra......................	53
IV. — Le Minho.........................	65
V. — Carril................................	85
VI. — Santiago de Compostela......	95
VII. — La Corogne (*Coruña*)........	151
VIII. — Le Ferrol.......................	163
IX. — De la Corogne à Santander..	175
X. — Santander.........................	183
XI. — De Santander à Bilbao.......	201
XII. — Bilbao............................	211
XIII. — Burgos..........................	233
XIV. — Loyola...........................	245

Imp. Demachy, Pech et Cie. — Bordeaux.

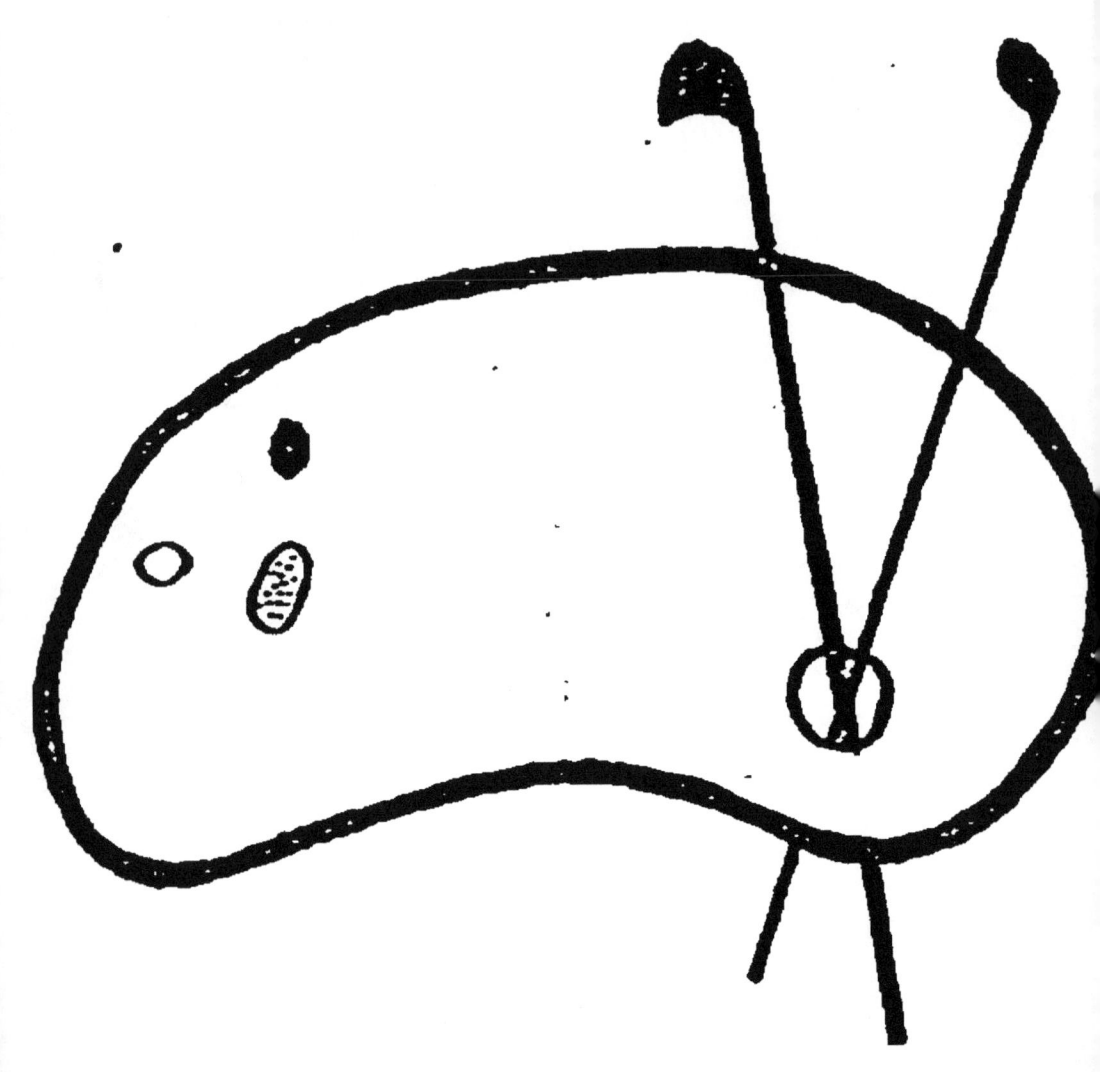

ORIGINAL EN COULEUR
NF Z 43-120-8

www.ingramcontent.com/pod-product-compliance
Lightning Source LLC
Chambersburg PA
CBHW050326170426
43200CB00009BA/1477